国家中等职业教育改革发展示范学校建设教材

# 中职生基础礼仪
ZHONGZHISHENG JICHU LIYI

田 胤 刘 丽 / 主编

西南交通大学出版社
·成都·

图书在版编目（CIP）数据

中职生基础礼仪/田胤，刘丽主编. —成都：西南交通大学出版社，2014.8
国家中等职业教育改革发展示范学校建设教材
ISBN 978-7-5643-3395-9

Ⅰ.①中… Ⅱ.①田… ②刘… Ⅲ.①礼仪－中等专业学校－教材 Ⅳ.①K891.26

中国版本图书馆 CIP 数据核字（2014）第 198122 号

国家中等职业教育改革发展示范学校建设教材

### 中职生基础礼仪

主编　田胤　刘丽

| | |
|---|---|
| 责任编辑 | 罗爱林 |
| 封面设计 | 墨创文化 |
| 出版发行 | 西南交通大学出版社 |
| | （四川省成都市金牛区交大路 146 号） |
| 发行部电话 | 028-87600564　028-87600533 |
| 邮政编码 | 610031 |
| 网　　址 | http://www.xnjdcbs.com |
| 印　　刷 | 成都勤德印务有限公司 |
| 成品尺寸 | 185 mm × 260 mm |
| 印　　张 | 7.5 |
| 字　　数 | 180 千字 |
| 版　　次 | 2014 年 8 月第 1 版 |
| 印　　次 | 2014 年 8 月第 1 次 |
| 书　　号 | ISBN 978-7-5643-3395-9 |
| 定　　价 | 22.00 元 |

图书如有印装质量问题　本社负责退换
版权所有　盗版必究　举报电话：028-87600562

## 《中职生基础礼仪》

## 编写委员会

主　　任：陈克生
副主任：梁　英　葛惠伟
主　　编：田　胤　刘　丽
副主编：张韩梅　李玲玲　陈一鸣
参　　编：（以姓氏笔画为序）
　　　　　陈莉娟　舒　兰　王永红
　　　　　徐　瑶　杨　洪　朱胜英

# 前　言

　　该教材以培养中职生综合素质，加强中职生礼仪修养为目标，以学生学习、生活及未来职场所必须具备的基本礼仪作为编写内容。以"够用、必须"为度，兼顾学生后续发展的需要，打破学科知识体系的教材编写的桎梏，按照任务驱动教学模式的要求，构建学习任务单元。通过学习，学生能达到重礼、知礼、懂礼、讲礼，并能胜任未来职业的要求。

　　本书的特点为：

　　**任务驱动教材模式**：按照任务驱动教学模式的要求，构建八个学习任务单元。每个单元设有案例、故事、场景、活动、实训、反思等。以学生活动为主体，通过案例、场景、活动，达到感知、领悟礼仪，通过实训、反思，达到强化、运用所学礼仪的目的。

　　**突出尊师重道、感恩教育**：根据教育部《完善中华优秀传统文化教育指导纲要》，开展以仁爱共济、立己达人为重点的社会关爱教育，引导青少年学生学会心存善念、学会感恩、理解他人、尊老爱幼。该教材有针对性地设置了专门学习任务，突出尊师重道、感恩教育。

　　**编写活泼有趣、任务内容清晰**：该教材的编写从格式到内容活泼有趣，能激发学生学习的兴趣和积极性；且任务内容清晰，能引领学生自主学习，获得真切体验和全新感悟，在愉悦中掌握礼仪知识，形成礼仪能力。

　　教材编写充分体现了职业教育教学的改革要求，凝聚了多年从事职业教育教学专家以及多年从事礼仪教学工作一线教师们丰富的经验。在教材中引用了四川省商业服务学校酒店专业学生特色礼仪课、礼仪展示集会及专业老师所提供的照片，从而使教材具有极强的实用性和可操作性。本教材不仅可作为中职学生教材，也可作为成人及培训学校教材。

　　由于时间匆忙，作者水平有限，书中难免存在不足之处，敬请专家读者批评指正。

编　者

2014 年 5 月

# 目 录

单元一　礼仪与文明 ……………………………………………… 1

　　任务一　了解礼仪与成功的关系 ………………………………… 2

　　任务二　掌握礼仪学习的方法与途径 …………………………… 4

单元二　端庄的仪容 ……………………………………………… 8

　　任务一　学习仪容清洁的方法 …………………………………… 9

　　任务二　掌握仪容修饰的方法 …………………………………… 10

单元三　优雅的仪态 ……………………………………………… 14

　　任务一　练就丰富的表情 ………………………………………… 15

　　任务二　训练挺拔的站姿 ………………………………………… 17

　　任务三　学会优雅的坐姿 ………………………………………… 19

　　任务四　学会正确的走姿 ………………………………………… 21

　　任务五　学会正确的蹲姿与手势 ………………………………… 23

单元四　校园礼仪 ………………………………………………… 27

　　任务一　建立良好的班级纪律 …………………………………… 28

  任务二 培养和谐的师生关系 ································ 29
  任务三 保持良好的同学情谊 ································ 32
  任务四 热爱校园生活 ············································ 35
  任务五 学会文明的校园集会 ································ 39

## 单元五 日常礼仪 ································································ 41
  任务一 学习日常交往礼仪 ································ 42
  任务二 学习日常见面礼仪 ································ 48
  任务三 学习拜访和接待礼仪 ···························· 53
  任务四 日常礼仪综合演练 ································ 57

## 单元六 家庭礼仪 ································································ 58
  任务一 营造充满爱的家庭 ································ 59
  任务二 学会爱戴、尊重父母 ···························· 61
  任务三 珍惜兄弟姐妹情 ···································· 65
  任务四 建立友善的邻里情 ································ 66
  任务五 筹备愉快的家庭聚会 ···························· 68

## 单元七 用餐礼仪 ································································ 70
  任务一 掌握中餐用餐礼仪 ································ 71
  任务二 掌握西餐用餐礼仪 ································ 73

## 单元八 职场礼仪 ································································ 78
  任务一 学习规范的职场着装礼仪 ···················· 79
  任务二 了解严肃的求职礼仪 ···························· 85

任务三　掌握基本的社交礼仪 …………………………………………… 91
　　任务四　职场礼仪演练 …………………………………………………… 94

附录一　我国部分少数民族礼仪 ………………………………………………… 96
附录二　我国主要旅游客源国礼仪 ……………………………………………… 101
附录三　涉外礼仪 ………………………………………………………………… 106

参考文献 …………………………………………………………………………… 110

# 单元一

## 礼仪与文明

人无礼,而不生;事无礼,而不成;国无礼,而不宁。

——中国古训

人之有礼,犹鱼之有水矣。

——葛洪

生活中最重要的是礼貌,它比最高的智慧、比一切学识都重要。

——赫尔岑

# 任务一　了解礼仪与成功的关系

 **目标**

（1）了解礼仪与成功人生的紧密关系，加深对礼仪的理解。
（2）建立礼仪意识，养成良好的文明礼貌习惯。

中国自古以来都以"礼"著称，是历史悠久的文明古国。中国将礼仪作为传统文化的一个重要组成部分，几千年来形成了高尚的道德准则和完整的礼仪规范，被世人誉为"文明古国，礼仪之邦"。

现代人随着社会的快速进步和文明程度的不断提高，越发意识到礼仪在学校、生活及以后职场中的重要作用。礼仪不仅可以有效地展示一个人的教养、风度和魅力，还体现出一个人对社会的认知水准、个人学识、修养和价值。要想适应当今社会，实现自我发展，就要重礼、知礼、懂礼、讲礼。

 **开阔视野**

### 孔子尊师

公元前521年春，孔子得知他的学生南宫敬叔奉鲁国国君之命，要前往周朝京都洛阳去朝拜天子，觉得这是向周朝守藏史老子请教"礼制"学识的好机会，于是征得鲁昭公的同意后，与南宫敬叔同行。到达京都的第二天，孔子便徒步前往守藏史府去拜望老子。正在书写《道德经》的老子听说誉满天下的孔丘前来求教，赶忙放下手中刀笔，整顿衣冠出迎。孔子见大门里出来一位年逾古稀、精神矍铄的老人，料想便是老子，急趋向前，恭恭敬敬地向老子行了弟子礼。进入大厅后，孔子再拜才坐下来。老子问孔子为何事而来，孔子离座回答："我学识浅薄，对古代的'礼制'一无所知，特地向老师请教。"老子见孔子这样诚恳，便详细地抒发了自己的见解。

回到鲁国后，孔子的学生们请求他讲解老子的学识。孔子说："老子博古通今，通礼乐之源，明道德之归，确实是我的好老师。"同时还打比方赞扬老子，他说："鸟儿，我知道它能飞；鱼儿，我知道它能游；野兽，我知道它能跑。善跑的野兽我可以结网来逮住它，会游的鱼儿我可以用丝条缚在鱼钩来钓到它，高飞的鸟儿我可以用良箭把它射下来。至于龙，我却不能够知道它是如何乘风云而上天的。老子，其犹龙乎！

#### 总理与鞋

在外事活动中，周恩来总理十分注重礼节。他病重期间，还坚持参加重要的外事活动。后来病得连脚板也肿起来了，他原来的皮鞋、布鞋都不能穿，只能穿着拖鞋走路。参加外事活动时，工作人员关心总理，让他穿着拖鞋参加外事活动，认为外宾是能够理解的。周总理不同意，他慈祥又严肃地说："不行，要讲礼仪嘛！"于是，他让工作人员为他特制了一双鞋。

世界上任何事物都是发展变化的，礼仪虽然有较强的相对独立性和稳定性，但它也毫不例外地随着时代的发展而发展变化。社会交往的扩大，各国民族的礼仪文化都会互相渗透，尤其是西方礼仪文化引入中国，使中华礼仪在保持传统民族特色的基础上，发生了更文明、更简洁、更实用的变化。

资料来源：张显宝. 礼仪规范［M］. 成都：西南交通大学出版社，2011.

想一想，这两个故事给你带来什么启发？

## 讨 论

（1）把自己收集的"礼仪与成功"的故事，分享给大家。

故事内容：

（2）小组讨论：礼仪与成功人生有什么关系？总结出你认为有益的主要观点。

# 任务二　掌握礼仪学习的方法与途径

（1）了解礼仪的重要性。
（2）掌握学习礼仪的作用。
（3）探索学习的途径与方法。

人与人的交往是人们日常生活的重要组成部分。孔子主张"为政以德"，就是以德治国。《管子》中说："礼义廉耻，国之四维；四维不张，国乃灭亡。"把礼仪列为立国要素之首，说明了礼仪在国家建设和社会交往中的重要地位和作用。而这种交往离不开情感、言行的交流，交流时应当遵循某种规范，这种规范就是礼节，它可以悄然让人们的生活更温馨，工作成功。如果希望自己在日常生活中成为一个受欢迎的人，请一定要很好地掌握日常生活的基本礼节。

## 一、礼仪的作用

现代社会，社交礼仪与人们的生活息息相关，与人类文明、社会进步紧密相连。从某种意义上说，讲究社交礼仪是精神文明的内容之一。要成为社会文明人必须学好社交礼仪。礼仪的作用主要表现在以下四个方面：

### （一）有助于塑造良好的个人形象

信息交流、传递是知识经济时代的显著特征。人的交往过程是信息双向交流传递的互动过程。社交礼仪首先传递交往中个体自身形象的外在信息。良好的礼仪能为自己树立良好的个人形象。因为，人总是社会的人，大部分的人总隶属一个部门或一个单位，即人是组织化的人。所以，每个人的言行举止、仪表风度、待人接物不仅仅反映出这个人的素质和教养，也直接反映出他所代表的组织的整体形象。组织中，每个成员都要讲究礼仪，都应有强烈的形象意识。现代社会，形象是对外交往的窗口，良好的组织形象可以给组织带来无穷的社会效益和经济效益。

某公司因场地构造特殊，将财务的工位安排在进门的旁边。一名新入职的大学生，每次进门看见账务后都不打招呼，甚至还直瞪瞪地看着门口这位同事。财务怀疑这位新同事把自己当做是前台阿姨。过了一段时间，他渐渐熟悉了公司的同事，才知道这位阿姨是公司的"财政大臣"，就开始对这位阿姨献起了殷勤，一进门"前辈"叫得很响。但是财务心里的感受却很不一样，现在这名大学生对自己的尊敬是因为知道了自己的职位。她很纳闷，怎么一个堂堂大学生，刚进社会就学会了势利？如果她真的是前台阿姨，是不是这名大学生就会一直不给自己打招呼？新人刚进职场，礼貌很关键，一定要妥善处理人际关系，不能以貌取人或者想当然，要记得地位低下的员工同样也是前辈或者长辈。哪怕是打扫卫生的阿姨，如果正好清理到自己的纸篓之类时，也不要忘记说一声"谢谢"，这样才能增加亲和力和人缘。刚刚毕业的大学生真的是要好好树立自己在公司的第一印象，这是十分重要的。

资料来源：来源于百度文库，作者已做了修改。

### （二）有助于约束人们的行为

社交礼仪是人们社会交往中的行为标准和规范，主要通过评价、劝说、示范等教育形式纠正人们不正确的行为习惯。为此，人们常借助社交礼仪的施行来调整自己的行为，任何一个生活在某种礼仪习俗和规范环境中的人，都自觉或不自觉地受到该礼仪的约束。自觉接受礼仪约束的人是"成熟的人"的标志，不接受礼仪约束的人，社会可能会以道德和舆论的手段来对他加以约束，甚至以法律的手段来强迫其接受约束。

### （三）有助于施行教化

礼仪教化的作用主要表现在两个方面：一方面是礼仪的尊重和约束作用。礼仪作为一种道德习俗，它对全社会的每个人都有教化作用，都在施行教化。另一方面，礼仪的形成、完备和凝固，都会成为一定社会传统文化的重要组成部分，它以"传统"的力量不断地由老一辈传继给新一代，世代相继、世代相传。在社会进步中，礼仪的教化作用极为重大。

### （四）有助于协调人际关系

社交礼仪是人际交往的润滑剂，是沟通和发展的必要条件。社会交际是人们相互接触、加深了解、沟通意见的一种最普通最常见的行为方式。礼仪具有调节人际关系的作用。礼仪作为一种规范、程序，作为一种文化传统，不仅对人们之间的相互关系模式起着规范、约束和及时调整的作用；而且某些礼仪形式、礼仪活动还可以化解矛盾、建立新关系模式。可见，礼仪在处理人际关系中，在发展健康良好的人际关系中，具有重要作用。

## 二、学习礼仪的途径

### （一）自觉养成文明习惯

高度的物质文明和高度的精神文明是互为条件、互相促进的，讲究礼仪礼貌是精神文明的重要内容，其中更为重要的是培养良好的行为习惯。例如：一个人在待人接物方面养成了礼貌习惯后，当他在交际场合遇到他人时，就会自然而然地主动向对方问好。

### （二）要有主动接受礼仪教育的习惯

"修身以不护短为第一长进"，这些是古人的修身之道。作为当代中职学生应该自觉地按照时代、社会、民族的道德要求严格规范自己的言行，依照老师的教导、社会的健康舆论和良好的环境熏陶，从小事做起，严于律己，善于自省，主动学习。

### （三）积极参与社会实践

在人际交往日益广泛的现代社会，仅仅只进行理论学习还远远不够，还要在实践中学习礼仪，即在文明气氛较浓的环境中接受熏陶。积极参与社会实践，对于当代职业学生自觉增强文明意识，培养文明行为，改变粗俗不雅的习惯，大有好处。

## 三、学习礼仪的方法

### （一）自尊自爱，自我约束

一个人只有自重，才能得到别人的尊重。待人接物，不卑不亢，为人处世，不随波逐流，碰到挫折，不自暴自弃，遇事顺利不忘乎所以。自爱，就是要接纳自己，接纳自己的优点和缺点。接纳优点是为了增添自信，进一步发展。承认缺点是为了使自己有自知之明，扬长避短，完善自我。同时应自我约束，就是在应当努力的时候学会坚持，在应当停止的时候学会放弃，不任性苛求，不固执己见。

### （二）遵守规范，尊重他人

无以规矩，不成方圆。在一个集体中，总会有这样那样的条例和要求，只有遵守相关规定，按公共礼仪去办事，才能被大家认可接受。只有尊重他人，才能赢得别人的尊重。

### （三）顾全大局，求得和谐

人际交往，贵在和谐。群体相处，难免发生矛盾，每遇此种情况，只有着眼全局，从长远出发，才能取得双赢，构建真正的和谐社会。

### （四）学习礼仪，贵在实践

礼仪是一种行为准则，其中诸如礼貌、礼节、仪式等都有许多具体规范和约定俗成的做法。只学而不做是永远不会养成良好习惯的。只有不断学习，不断实践，有意识培养、锻炼自己：从一声称谓到一次握手，从我们的一举一动中，都按礼仪要求去做。久而久之，才能逐渐养成良好的礼仪习惯，并将它溶入我们的个性之中，从而表现出每个人独特的个性之美。

 讨论

（1）讨论主题：礼仪与个人形象的关系。

_____
_____
_____

（2）通过讨论给你带来了什么启发？

（3）制订一份具有个人特点和可行性的礼仪训练计划。

# 单元二

## 端庄的仪容

无论你做什么，保持你的外表。

——查尔斯·狄更斯

礼貌是有教养的人的第二个太阳。

——赫拉克利特

形象是一生的战略问题。

——西蔓

# 任务一　学习仪容清洁的方法

目标

（1）掌握简单的日常仪容清洁的基本要领。
（2）了解仪容清洁的主要程序。

一个人在任何情况下都需要注意对自身的仪容进行修饰与维护，并且要随时随地注意对自己的仪容进行必要的修饰和整理，做到"内正其心，外正其容"。

## 一、发部清洁

在日常生活中，每个人首先应该养成勤洗头发的习惯。不但要注意采取正确洗发的方式方法，还要坚持对头发进行定期清洗，一般情况下应做到每周洗2~3次。其次是修剪头发。在正常情况下自己的头发应每半个月修剪一次。

梳洗头发是每天必做之事，而且往往不止一次。一般来说我们应做到"五梳洗"：出门上班前梳洗、换装上岗前梳洗、摘下帽子时梳洗、下班回家时梳洗、其他必要时梳洗。

## 二、面部清洁

要做到仪容整洁干净，就要注意细节的修饰和长年累月的坚持不懈。而面部清洁除了应做到早晚洗脸之外，还应随时随地抽出一点时间洗脸净面。正确的洗脸方法不但有助于保持皮肤的弹性，还可以保持良好的血液循环和新陈代谢的正常运行。因此要注意洗脸的方法。首先用温水润湿脸部，然后将洗面奶挤于手心，沾水揉搓成泡沫状置于面部，用手由下到上揉搓、打圈，避免置于眼部。然后用温水洗净。值得注意的是要对各个不同的部位进行清洁，才能达到最佳的效果。

## 三、鼻子清洁

在人际交往中，偶尔有一两根鼻毛露出，很有损自己的形象。因此，在接待客人或者出门前，应经常检查和修剪自己的鼻毛，但当众拔鼻毛是很不雅的行为。保持鼻腔的清洁，不要随处吸鼻子，更不要在他人面前挖鼻孔。

## 四、口腔清洁

要做到口腔清洁，牙齿无味，就必须坚持早晚刷牙，饭后漱口，消除口腔异味，维护口

腔卫生。还要时常采用牙签、洗牙等方式保护牙齿。在重要应酬之前忌吃葱、蒜等一类带刺激性气味的食物。

在交际场合，若不是老人或者职业上的需要，男士最好不要蓄胡须，注意定时剃须。女士若因内分泌失调而长出来类似胡须的汗毛，则应及时治疗，并予以清除。

### 五、手部清洁

在日常交际活动中，手占有重要的位置。接待客人时，通常以握手的礼节来表示对客人的尊重和欢迎。通过观察对方的手，可以判断出这个人的修养与卫生习惯，甚至对生活的态度。因此，应经常清洗自己的手，修剪指甲。指甲周围长生死皮时，应立即将其修剪掉，不要用手去撕，或用牙去咬。若手上长癣、生疮，应避免与他人接触，否则会令他人不快或反感。

洗手六步法见图1.1（图片来源于百度文库）。

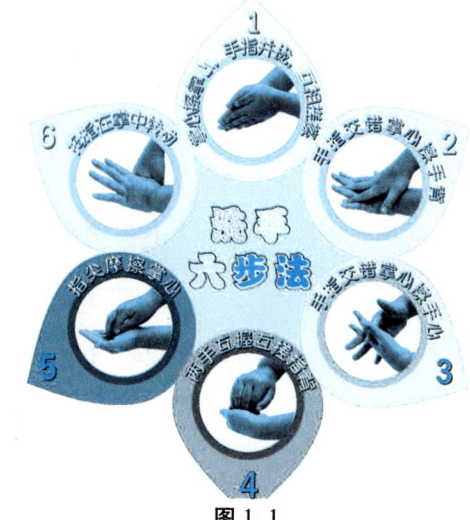

图1.1

根据自身实际，找出自身在仪容方面存在的问题，制订一份适合自己日常仪容整洁的计划，坚持实施，并写出仪容整洁在生活中的重要性。

_____
_____
_____
_____
_____

## 任务二　掌握仪容修饰的方法

### 目标

（1）体会仪容修饰的原则。
（2）提高对自身仪容修饰的能力。
（3）掌握正确的护肤方法。

## 一、正确的护肤方法

护肤是美容的基础，做好护肤是化妆的先行条件。我们只有重视皮肤的护理，才能更好地发挥仪容化妆的改善作用。因此在生活中应该注意一些基本的方法，如保持足够的睡眠，让面部看上去红润有光泽；随时注意保持皮肤有足够的水分，防止皮肤粗糙、干燥；还要做好季节的防护措施等。除了掌握基本的护肤方法，还应该选择正确的肌肤保养品对皮肤进行基本的护理。

选择正确的肌肤保养品首先应选用对皮肤刺激性小的卸妆用品，油性肌肤应选择卸妆乳，干性肌肤应选择卸妆油。从眼部和唇部开始去除脸部化妆品；再用洗面乳进行脸部清洁，去除停留在脸上的老化物质、空气污染等残留物质。通过卸妆及洗面去除污垢后，还要用面部保养品及时补充水分及营养，使肌肤恢复原来的状态。

### 面膜的种类

根据面膜的性状和使用方法不同，可将面膜分为硬膜和软膜。

硬膜主要由熟石膏、矿物粉和药物组成，具有保湿、收紧皮肤的作用，对皮肤角质层有剥离作用。硬膜适用于角质层较厚的油性皮肤，且不宜频繁使用。

软膜的主要成分是淀粉，其中加以多种营养成分以及增白、防皱、延缓衰老的成分，其质地柔软、细腻、滋润温和，无刺激性。液体状、纸状面膜等都属于软膜，较适合中性肌肤、干性肌肤和敏感性肌肤。

## 二、化妆的技巧

### （一）化妆的常用工具

在妆容修饰的过程中，常用的化妆工具有：眉笔、眉镊、海绵扑、胭脂刷、粉刷、眉刷、眼影刷、唇膏笔、睫毛夹、化妆纸或化妆棉、棉花棒及棉球等。

### （二）化妆的原则

（1）化妆需要突出自己最美的部分，掩饰自己的缺陷和不足，达到美化的效果。
（2）妆容的选择取决于服装和自身肤色的搭配。
（3）妆面协调，应不失自己的基本形象，力求统一、和谐的美。

### （三）化妆的基本程序

一般情况下，化妆的基本程序：清洁面部—打粉底—描眉形—画眼线—施眼影—上腮红—涂唇彩等步骤。

1. 清洁面部

用洗面奶彻底清洁脸部，清除残留在脸上的灰尘和污垢。然后，抹润肤霜，以补充营养和水分。接着上化妆水，以洁肤、润肤、紧肤和调理肌肤为目的。

2. 打粉底

粉底可以调整肤色，掩盖雀斑、色斑，并作为屏障，保护皮肤免受色粉的刺激。基本方法：选用接近自己肤色的粉底，擦在相应的部位，轻压细抹，由上往下，由里到外，切记脖子也要兼顾。可用化妆海绵或手指进行按压。

3. 描眉形

眉毛的作用非常重要，它可以改变脸部表情，也可以改变脸部长度和宽度的视觉效果。眉部修饰应与整个面容化妆相协调，要根据自身的脸型与眉形修剪眉毛。其要领：先用眉刷将眉毛顺向梳理，用眉毛镊除去位置长得不好、形态不佳的眉毛，对眉形做适当的修整。然后用眉刷从下而上倒梳眉毛，剪去过长、不齐的眉毛，再梳平复原。接着用眉笔将已修整过的眉毛做勾描、加深处理，使眉毛显得完善、逼真。眉毛画好后，应对着镜子检查两条眉毛是否对称，粗细是否一致。最后，可用眉刷将画好的眉毛轻轻地顺着眉毛生长的地方刷一下，扫去残留的墨粉，清洁一下眉部，使整个眉部均匀、自然。

4. 画眼线

一般来说画眼线的顺序是：先画上眼线，再画下眼线。先上后下，上重下淡，同时要注意紧贴眼部边缘。画上眼线时，应从睫毛底部由内眼角向外眼角描画，到眼尾处时往上提一点。画下眼线时，应由眼尾向内眼角方向描画，并应画到2/3或1/2的长度，避免全画。

5. 施眼影

用眼影刷蘸取相应颜色的眼影，轻涂于上眼皮，眼影色不要用得太多、太艳，并应擦均匀，要柔和淡雅，下深上浅，自然过渡，表现轻松、舒适。应注意的是，商务人员在工作场合不适合画烟熏妆等浓妆，会显得过于时尚、妩媚。

6. 上腮红

涂腮红关键在于操作要轻、用量要少、胭脂分布要匀、色彩过渡自然，化妆后不留下明显的人工涂抹痕迹。操作时用胭脂扑或胭脂扫，以颧骨为出发点，往耳部上方轻轻抹去，再用手掌轻柔的把胭脂向上下晕开，晕开后给人以简单自然的感觉。

7. 抹唇彩

首先应用唇线笔、按自己设计的唇形或自然唇形，瞄好唇线、画出唇廓，用作定型和防止唇膏外溢。然后用唇膏在唇线内先上唇后下唇，按唇纵向纹理，从嘴角两侧往中间一点一点地涂抹。要涂满、涂匀，无遗漏之处，还要避免唇线和唇上的色彩有明显的不同。为了方便用餐、喝水，还要用餐巾纸轻轻的按一下嘴唇，使唇膏固定下来，以免将唇膏残留在餐具和水杯上。

## （四）化妆的禁忌

1. 切忌当众化妆

如发现妆面残缺，要即刻补妆。但补妆时，应回避他人，宜在洗手间或无人的一角进行，切勿当众补妆。

**2．切忌借用他人的化妆品**

女性平时不要借用他人的化妆品，因为化妆品与皮肤直接接触，借用他人化妆品既不卫生也不礼貌。

**3．残妆示人**

残妆，是指在出汗、用餐、休息之后，妆容出现了残缺的现象。在众人面前以残妆示人，既有损于自身的形象，也显得对人不礼貌。因此，要注意及时检查和补妆。

**4．工作时间切忌浓妆艳抹**

妆容的浓淡要视时间、地点、场合而定。

**5．男士切忌油头粉面**

男士要保持良好的个人卫生，不要化妆，不要大量喷洒香水，否则会给人留下不好的印象。

## 开阔视野

在现代社会中，香水已经作为一种传递礼仪的媒介登上了社交舞台。香水柔美的香气，不但能改变心情，也能适度地传递出性感、清新、活泼的魅力，但在一些场合下喷洒香水可能会起到相反的作用，如在炎炎的夏日里，喷洒浓郁的香水，加上不雅的汗水体味，效果可能会适得其反。作为职业学校的学生，应该对香水的种类和性质有一定的了解，才能够让香水的作用发挥得恰到好处。

香水的使用方法一般有两种：一种是涂抹，主要是涂抹在耳根后、颈部、手肘关节和手腕动脉血管处。

第二种是喷雾，先对头上方空气喷几下，然后优雅走过，给人清香愉悦的感觉。

## 课后反思

对照书本中所涉及的化妆技巧进行练习，找出自己在化妆过程中出现的问题并加以改善。

出现的问题及改正措施：

_____

_____

_____

# 单元三

## 优雅的仪态

你用什么语言也无法表达你没有的内容。

——爱默生

我的笑容价值百万美金。

——查尔斯·斯瓦特

我相信一个站立很直的人的思想也是同样正直的。

——威廉姆·丹福思

# 任务一 练就丰富的表情

目标

（1）掌握正确地运用面部表情的礼仪。
（2）学会体会运用表情进行交流的作用
（3）熟练运用各种表情变化。

表情在非语言符号中是最丰富的，也是最具有表现力的。人们通过面部表情的变化，来表达出内心的真实感受，而且表情传达的感情信息要比语言来得巧妙。大体来说，人的眼神、笑容、面容是表达感情最主要的三个方面。

## 一、眼神

眼睛是心灵的窗户，能有效地传递信息和表情达意。在人与人交流时，目光的交流总是处于最重要的地位。在社交活动中，眼神运用要符合一定的礼仪规范。正视对方时需要正面相向注视，表示尊重对方。比如平视被注视者，表示双方地位平等与注视者的不卑不亢；仰视对方，一般体现"尊重、信任"的语义；俯视他人往往表示自高自大或对被注视者不屑一顾。在注视他人时，目光的角度，即发出的方向，是与交往对象关系亲疏远近的重要体现。

### （一）注视部位

在一般情况下，与他人相处时，不宜注视其头顶、大腿、脚部与手部。对异性而言，通常不应注视其肩部之下，尤其是不应注视其胸部、裆部、腿部。注视的常规部位如下：

1. 双眼
注视对方双眼，表示自己聚精会神，一心一意，重视对方，但时间不宜过久。

2. 眼部至唇部
注视这一区域，是社交场合面对交往对象时所用的常规方法，因此也被称为社交型注视。

3. 额头
注视对方额头，表示严肃、公事公办，也称为公务型注视，适用于公务活动中。

4. 眼部至胸部
注视这一区域，表示亲近、友善，多用于关系密切的男女之间，故称为亲密型注视。

## （二）注视时间

注视对方时间的长短说明与对方的友好程度。若对对方表示友好，则注视对方的时间应占全部相处时间的 1/3 左右；若对对方表示关注，则注视对方的时间应占全部相处时间的 2/3 左右；若注视对方的时间不到全部时间的 1/3，往往意味着对其不重视，或没有兴趣；若注视对方的时间超过了全部相处时间的 2/3，往往表示可能对对方抱有敌意，或为了寻衅滋事。

## 二、微笑（见图 3.1）

微笑是眼、眉、嘴和面部动作的集合，是一种令人感觉愉快的面部表情，是最美好的形象。微笑是一种特殊的语言，是社交场合中最富吸引力、最令人愉悦，也最有价值的面部表情。微笑能有效地缩短双方的距离，给对方留下美好的心理感受，从而形成融洽的交往氛围。

### （一）微笑的意义

**1. 微笑能塑造良好的个人与组织形象**

一个经常微笑的人让人感觉亲切，易于接近，从而树立起热情、真诚的形象，因此提倡"微笑交流，微笑服务"。

**2. 微笑是自信的象征**

一个人只有充分尊重自己，肯定自己，注重自己的形象塑造，才能青春永驻，笑脸常开。

**3. 微笑是和睦相处的反映**

微笑沟通了人们的心灵，拨动人们的心弦，架起了友谊的桥梁。它能散发出一种无形的魅力，加深人与人之间的理解，产生共鸣，缓解紧张，消除误会、疑虑；同时，微笑还能表示歉意，释解和不安。

图 3.1

### 案例 3.1

一位客人住进一家酒店，在他外出后，有一位朋友来找他，要求进他房间去等候。由于客人事先没有留下话，总台值班服务员没有答应其要求。客人回来听说这件事情后十分不悦，跑到总台与服务员争执起来。这时前厅部张经理闻讯赶到，刚要开口解释，正在气头上的客人就指着她鼻子尖，言词激烈地指责起来。当时张经理知道在这种情况下，做任何解释都是毫无意义的，反而会使客人情绪更加激动。于是她默默无言地看着他，让他尽情地发泄，脸上则始终保持一种友好的微笑。

一直等到客人平静下来，张经理才心平气和地告诉他饭店的有关规定，并表示歉意。客人接受了张经理的劝说。没想到后来，这位客人离店前还专门找到张经理辞行，激动地说：

"你的微笑征服了我,希望我下次有幸再来饭店时能再次见到你的微笑。"

## (二)微笑的技术要领

微笑是人们交往中最富有吸引力、最有价值的面部表情,但也要注意区分场合,要笑得得体,笑得适度,才能充分表达最美好的感情。微笑的技术要领如下:

口眼结合,要口到、眼到、神色到,做到微笑扣人心弦。

微笑时露出牙齿的数目:显露出6~8颗上牙是最美的。

微笑的美在于文雅、适度,亲切自然,符合礼仪规范。微笑要诚恳和发自内心,切不可故作笑颜,假意奉承,虚伪、做作,做一系列程式化的动作。发自内心的笑是扑面的春风,能温暖人心,化除冷漠,获得理解和支持。

## 课后任务

学生课后根据图片进行模范练习,对着镜子练习,找出自己的不足,并写出自己的收获和感悟。

_____
_____
_____

# 任务二 训练挺拔的站姿

## 目标

(1)掌握标准站姿的基本要求。
(2)熟练运用服务工作中的四种基本站姿。
(3)掌握不良站姿的纠正方法与站姿练习技巧。

无论是在社交场合,还是在日常交往中,站姿都是一种最基本的举止。站立是静态造型的姿态,是优美仪态的起点,因此站姿不仅要挺拔,还要优美典雅。优美的站姿能显示个人的自信,衬托出美好的气质和风度,并给他人留下美好的印象。

## 一、掌握标准站姿的基本要求(见图3.2)

两脚跟靠拢,身体重心落于脚掌、脚弓上。两脚并拢立直,髋部上提。脖颈挺,下颌微收，两肩放松，气下沉，自然呼吸、收臀，两臂自然下垂，脚尖分开45度左右，两眼平视前方，面带微笑。

站立时，身体重心要向上提高，即昂首、提气、直腰、绷腿。身体各部位要尽量舒展挺拔，要做到头平、颈直、肩夹、背挺。身体的主干一定要尽量与地面保持垂直，要注意收腹挺胸、夹腿。

图3.2

## 二、站姿的注意事项

（1）站立时要以标准站姿的形体感觉为基础，如果没有正确站立时的基础，变换姿态也就不会有美感，所以要注意矫正形态上的不标准姿态。

（2）站立时不应东倒西歪，身体不要倚门、靠墙、靠柱，双手可随说话的内容做一些伴随手势，但动作不能太多、太大，以免显得粗鲁。不要将手插在裤带或交叉抱在胸前，更不能下意识地做动作。

（3）站立时要面带微笑，将规范的站姿与热情的微笑相结合。

（4）站立时不要低着头、歪着脖子、含胸、端肩、驼背。不要将身体的重心明显地移到另一侧，而只用一条腿支撑着身体。

（5）站立时，脚位不要采用"人"字式即"内八字"式或蹬踏式。男子双脚左右开立时，注意两脚之间的距离不可过大，不要挺腹翘臀。

不要两脚交叉站立，也不要双腿交叉。

 实 训

1. 单人练习

背靠墙，脚跟离墙3厘米，腰背贴墙，自己坚持每天训练15～20分钟。

2. 双人训练

与身边的同学一起，两人一组，背靠背站立练习站姿，每次坚持训练15～20分钟。

## 任务三　学会优雅的坐姿

目标

（1）掌握标准坐姿的基本要求。
（2）了解坐姿的关键要领。
（3）掌握不良坐姿的纠正方法与坐姿练习技巧。

坐姿往往是人们采用最多的姿态，美的坐姿是一种文明行为。它既体现形态美，又体现行为美。优雅的坐姿传递着自信、美好、热情的信息，同时也显示出高雅庄重的良好风范。

### 一、正确坐姿的基本要求

#### （一）入座的要求

入座时轻而缓。如果从椅子后面靠近椅子，应从椅子左边走到座位前，转身后把右脚向后撤半步，轻稳坐下，然后把右脚与左脚并齐，坐在椅子上。上体自然挺直，挺胸，双膝自然并拢，双腿自然弯曲，双肩平正放松，双臂自然弯曲，双手放在两腿上或椅子、沙发扶手上，掌心向下。人体重心向下，头正、下颌微收，双目平视，面带微笑。坐在椅子上，臀部应坐在椅子的1/3或2/3处。起坐时，左脚应向后收半步，然后站起，起身要轻缓稳当。

#### （二）双手的放法

坐稳后，一般双手平放在双膝上，有时双手可以叠放，放在另一条腿的中前部，或者一手放在扶手上，另一只手仍放在腿上或双手叠放在侧身一侧的扶手上。

### 二、坐姿的关键要领

入座后，双手应尽量减少不必要的动作。身前有桌子时，不要将肘部支于其上，或双臂置于其下。应避免将双手夹在两腿中间，双手端臂，抱于脑后，或抱住膝盖，或以手托腿、摸脚部等不礼貌行为。

切勿在坐定后将脚抬得过高，以脚尖指向他人，或是让对方看到鞋底；不要脱鞋子，将脚架在桌面上，或者跷到自己或他人的座位上，不要用脚踩踏其他物体。

不要在尊长面前高跷"4"字形腿,即不要将一小条腿交叉叠放于另一条大腿上。两腿直伸开去,反复抖动不止也是很不礼貌的行为。

## 三、几种基本的坐姿

### (一) 女士坐姿

#### 1. 正步 (见图 3.3)

上身挺直、坐正,双肩平正,两臂自然弯曲,双手叠放在双腿中部,并靠近小腹,双膝并拢,小腿垂直于地面两脚并拢。

图 3.3

#### 2. 索步

上身挺直,左脚置于右脚上,两踝关节处交叉,两脚尖着地,膝部可稍分开,但不要过大。

#### 3. 叠步 (见图 3.4)

在标准式坐姿的基础上,两腿向前,一条腿提起,腿窝落在另一条腿的膝关节上,上面的腿向里收,贴在另一条腿的小腿处,脚尖向下。

图 3.4

#### 4. 小八字步

双膝并拢,脚尖分开,呈小"八"字形。

#### 5. S步

上身挺直,两脚向左斜出,双膝并拢,右脚跟靠拢左脚内侧,左脚掌着地,右脚尖着地。

### （二）男士坐姿

1. 正步

上身挺直、坐正，双肩平正，两臂自然弯曲，双手叠放在双腿中部，并靠近小腹，双膝并拢，小腿垂直于地面两脚并拢。

2. 小八字步

双膝一拳间隔，脚尖分开，呈"八"字形。

3. 大八字步

双膝与肩同宽，脚尖分开，呈"八"字形。男士坐姿总的要求：需要坐得端正、稳重，即"坐如钟"。

### 四、避免不良坐姿

不良坐姿不仅给人一种粗俗、没教养的印象，而且常常会引起他人的反感。在生活中常见的不良坐姿有：坐时前倾后仰，或歪歪扭扭；坐下后随意挪动椅子；大腿并拢，小腿分开，或双手放于臀部下面；双腿过于叉开，或长长地伸出，腿、脚不停地抖动；与人谈话时用支着下巴；坐沙发时太靠里面，或呈后仰状态，等等。我们在生活中都应该尽量避免不良的坐姿，以免给人留下不好的印象。

1. 单人练习

按照所学的标准坐姿进行练习，自己坚持每天训练15~20分钟。

2. 双人训练

与身边的同学一起，两人一组，面对面练习坐姿，每次坚持训练15~20分钟。

## 任务四  学会正确的走姿

（1）掌握标准走姿的基本要求。
（2）了解走姿的关键要领。
（3）掌握不良走姿的纠正方法与正确走姿的练习技巧。

在日常生活中，潇洒的走姿是一项必不可少的举止行为。走路不但要遵守交通规则，还要遵循一些基本的礼仪。

## 一、标准走姿的基本要求

（1）标准的走姿要做到头正、肩平、躯挺、步位直、步幅适度、步速平稳。

（2）走路时上身自然挺拔，双目向前平视，微收下颌。挺胸、收腹、立腰，重心稍向前倾，大臂带动小臂自然前后摆动。

（3）脊背与腰部要伸展放松，脚跟先着地，并走出直线。靠道路的右侧行走，遇到同事要主动问好。

（4）步行时，跨出的步子应是全部脚掌着地，膝和脚腕不可过于僵直，应该富有弹性，膝盖要尽量绷直，双臂应自然轻松摆动，从而使步伐有节奏感。

## 二、走姿的关键要领（见图3.5）

走路时要注意步态，双脚脚尖应朝正前方落脚。最忌"内八"字和"外八"字，不能弯腰驼背，摇头晃脑、大摇大摆，上颠下跛。

在人行道上应顺着人流行走，不要逆行；不要强行从走在前面的行人中挤过去，如确有急事须超越的，应先对前面的行人说声"不好意思"再从身边走过去；不要在人流中突然停下来，以免妨碍后面的人前进；走路时若无意碰到他人，应及时道歉，应给手拿大件物品的行人让路，在儿童和带小孩的妇女后要慢行，可在适当的时候超过他们。

男女两人同行，女方应走在街道的内侧，男方走在街道的外侧；一男二女同行，男方也应走在街道外侧，不能走在二女中间或内侧。

不要站在行人众多的街道上与熟人闲聊，边走边谈。

不要拖着脚走，不要大摇大摆，也不要在马路上乱逛。

图3.5

## 三、服务中的几种基本走姿

### 1. 与客人反向而行走姿

同标准走姿要求，接近客人时，应放慢速度，与客人交会时，应暂停行进，空间小的地方，要侧身，让客人通过后再前进。

2. 陪同客人的走姿

在陪同客人走、引领客人时，应位于客人侧前方2～3步，按照客人的速度前进，且要不时用手势指引方向，招呼客人。

3. 与服务人员同行走姿

与服务人员同行时，不可并肩同行，不可嬉戏打闹，不可闲聊。

4. 与客人同向走姿

同标准走姿要求，尽量不超过客人，实在必须超过时，要先道歉后超越，再道谢。

（1）反思：通过学习基本的走姿后，对照自身的一些不妥之处。
___
___
___

（2）实训：假如你在接待一位客人，应保持怎么样的姿态是礼貌的？分小组进行排练和表演。

# 任务五　学会正确的蹲姿与手势

## 目标

（1）掌握标准蹲姿和手势的基本要求。
（2）了解蹲姿和手势的基本要领。
（3）掌握不良蹲姿和手势的纠正方法，正确蹲姿和手势的练习技巧。

### 一、标准蹲姿的基本要求

在日常交往时，标准蹲姿的基本要求：应自然、得体、大方，不遮遮掩掩，下蹲时，两腿合力支撑身体，避免滑倒，应使头、胸、膝关节在一个角度上，使蹲姿优美。除此之外应注意的是女士无论采取哪种蹲姿，都要将腿靠紧，臀部向下。

标准蹲姿见图3.6。

### 二、蹲姿的基本要领

（1）在别人身边下蹲时，最好是和他人侧身相向。正面他人，或者背对他人下蹲，通常都是不礼貌的。若用右手捡东西,可以先走到东西的左边,右脚向后退半步后再蹲下拾捡。

（2）在下蹲的过程中,速度不要过快。当自己在行进中需要下蹲时,要特别注意。

（3）在下蹲时,应和身边的人保持一定距离。与他人同时下蹲时,更不能忽略双方的距离,防止彼此出现相互碰撞的现象。

（4）在大庭广众面前,尤其是身着裙装的女士,一定要防止大腿叉开,不要毫无遮掩。

（5）弯腰捡拾物品时,两腿叉开,臀部向后撅起,都是不雅观的姿态;两腿展开平衡下蹲,其姿态也不优雅。

### 三、几种基本蹲姿（见图3.7）

图3.6

图3.7

#### 1. 高低式蹲姿

下蹲时右脚在前,左脚稍后,两腿靠紧向下蹲。右脚全脚着地,小腿基本上垂直于地面,左脚脚跟提起,脚掌着地。左膝低于右膝,左膝内侧靠于右小腿内侧,形成右膝高左膝低的姿态,臀部向下,基本上用左腿支撑身体。

#### 2. 交叉式蹲姿

下蹲时右脚在前,左脚在后,右小腿垂直于地面,全脚着地,左膝由后面伸向右侧,左脚跟抬起,脚掌着地,两腿靠紧,合力支撑身体,臀部向下,上身稍前倾。

### 四、手势的基本要领

手是人身体上最灵活自如的一个部位,所以手势是举止仪态礼仪之中最丰富、最有表现力的。一般来说手势的基本要领有:五指伸直、并拢,注意将拇指并严,腕关节伸直,手与前臂成直线。在做动作时,肘关节既不要成90°直角,也不要完全伸直,弯曲40°为宜,掌心斜上方,手掌与地面成45°。运用手势时,眼神要与他人进行目光交流。

## 五、常见手势的运用

表示请的手势（低位手）：身体向前倾，略弯腰，右手随身体自然前伸，高度不超过胯骨。（见图3.8）

表示方向的手势（中位手）：身体向前倾，略弯腰，右手随身体自然前伸，高度不超过肩膀。

表示介绍的手势（中位手）：右手肘关节自然弯曲，手的高度以胸前为宜，讲到被介绍人的名字时，手要自然地指向被介绍者。

表示请坐的手势（前位手）：身体略向前倾，手臂自然伸直，与上体成45°，手心向上，五指自然并拢指向凳椅，身体随轴心转动，目光与他人进行交流，面带微笑。

见图3.8

总之，手势的含义，一是发出信息，二是表示喜恶。要注意不同的场合用不同的手势来表情达意。要表达得恰到好处、坦荡大度，不仅要有热情，而且要有分寸（见图3.9）。

见图3.9

## 六、手势的忌讳

在日常交往中，为了增强说话者的语言感染力，一般可以考虑使用一定的手势，但切记手势不能过多、过大，切忌"指手画脚"和"手舞足蹈"。在运用手势时也应注意一些忌讳：

（1）掌心向下挥动手臂，勾动食指或除拇指外的其他四指招呼别人，用手指指点他人等都是非常失敬于人的手势。

（2）在他人面前掏耳朵、搔头皮、抠鼻孔、掏耳朵、剔牙齿、摸脚丫等手势很不卫生，不仅是不当之举，而且也极令人反感。

（3）在公共场合，双手小动作过多，或是咬指尖、抬胳膊、折衣角等手姿，都是不稳重的手势。

（4）打招呼、致意、告别、鼓掌、欢呼都属于手势范围，运用手势时应该注意其力度大小、速度的快慢、时间的长短，不可过度。

（5）在任何情况下，都不要用大拇指指自己的鼻尖，用手指指点他人。谈到自己时，应用手掌轻按自己的左胸，那样会显得端庄、大方、可信。用手指指点他人的手势是很不礼貌的。

 实 训

（1）根据所学内容和要求练习标准的蹲姿和手势。
（2）在日常与人的接触中，应该怎么进行手势的引领，分小组根据所学内容进行演示。

# 单元四

## 校园礼仪

人非生而知之，孰能无惑？惑而不从师，其为惑也，终不解矣。

——韩愈《师说》

如果你希望成功，当以恒心为良友，以经验为参谋，以当心为兄弟，以希望为哨兵。

——爱迪生

### 校园礼仪三字歌

入校门、衣冠整；情绪昂、步履正。见师长，问您好；遵校纪，护校风。
铃声响，进课堂；互致礼，起勿响。坐姿正，勿摇晃；专心听，细心想。
要发言，先举手；起立答，声洪亮。写作业，贵独立；老师见，心欢喜。
课间时，要活动；文明玩，会放松。遇老师，要让路；与师谈，要谦恭。
花儿美，草青青；爱校园，护环境。班集体，是个家；同学们，爱护它。
同学间，互关心；善理解，乐助人。要诚实，懂谦让；团结紧，有力量。
敬人者，人恒敬；集体荣，我才荣。食堂里，有规矩；勿喧哗，食不语。
爱公物，惜粮米；讲卫生，防病疾。节水电，当仔细；好习惯，在自己。
有集会，守时间；明纪律，姿态端。入有序，位有方；好风格，要发扬。
升国旗，要庄重；身肃立，情感浓。降国旗，止步行；爱祖国，记心中。

## 任务一　建立良好的班级纪律

目标

（1）学习校纪和校规。
（2）提高集体荣誉感，培养主人翁意识。

俗话说："没有规矩，不成方圆。"如果没有严格的规章制度和严明的纪律，我们的生活空间会就像一盘散沙。良好的纪律见图4.1。

图4.1

开阔视野

孙子，名武，是我国春秋战国时期伟大的军事家。

吴王想派兵攻打楚国，但顾虑到楚国兵多将广，而吴国人少兵微，心里一直犹豫不决。

这时伍子胥说："我向大王推荐一个人，一定可以打败楚国。"吴王赶紧问是谁，伍子胥说："此人是吴国人，姓孙名武，精通兵法，有鬼神不测的计谋，自己编了一本《兵法》书。如果有了这个人的辅助，我们必定天下无敌，请大王用重礼聘请。"

伍子胥请来孙武，见了吴王。吴王看了孙武著的《兵法》13篇，大为叹服，就对孙武说："先生真是神人，只可惜我国小兵少，不知先生有什么办法？"孙武说："我不但可以训练普通士兵，还可以训练女子。"吴王听了一点都不相信。孙武说："大王不相信的话，就把后宫的嫔妃、宫女召来，让我训练。如果不成功，我甘愿受惩罚。"吴王就召集了三百嫔妃、宫女，让他最宠爱的两个妃子右姬、左姬当队长，让孙武训练。

孙武说："军队中，号令要严，赏罚要分明，虽然这是个试验，但也不能当儿戏。"于是，就把宫女分为左右两队，右姬管右队，左姬管左队。又找来一人当执法，几个人当牙将，看起来还真像个军队的样子。然后，孙武宣布了军法：一不许队伍混乱；二不许大声

喧哗；三不许故意违反约束。

第二天，两个队长带着两队宫女来到教场，孙武亲自布阵，然后说："听到第一遍鼓声，两队都站好；听到第二遍鼓声，左队向右转，右队向左转；听到第三遍鼓声，两队人都拔剑准备格斗。听到鸣金，就收队退回原地。"

这些宫女听了，都嘻嘻哈哈的，不当一回事。第一遍鼓响后，宫女们站着的坐着的，根本不成队形。孙武说："军令没有说清楚，这是我主将的责任。"然后把军令又宣告了一遍。当第二次孙武亲自敲鼓时，左姬、右姬和宫女都笑了起来。孙武大怒，喊道："执法的在哪里？"执法人赶快跑上前跪下，孙武问："军令宣告二次，而士兵不命令，该当什么罪？"执法人说："该斩！"孙武说："士兵不能全斩，就只斩两个队长，以示警告。"吴王一看连忙道："武，刀不留人。"孙武说："军中无戏言，斩！"吴王只得听从。

杀了左右二姬，宫女们才严肃起来，让左转就左转，让右转就右转，整修训练井然有序。

通过这次训练宫女，吴王才真正了解到孙武的才能，就封他为军师。后来吴国果然所向披靡，成为当时的强国。

我的读后感：
_____
_____
_____
_____

### 讨论

小组讨论主题：同学们在课堂中还需要注意哪些规范？
小组讨论后的观点：
_____
_____
_____
_____

## 任务二　培养和谐的师生关系

学会尊重、感恩老师。
校园礼仪见图 4.2。

图4.2

 开阔视野

杨时（1053—1135年）是北宋时一位很有才华的才子，南剑州将乐人（今属福建）。中了进士后，他放弃做官，继续求学。

程颢（1032—1085年）、程颐（1033—1107年）兄弟俩是当时很有名望的大学问家、哲学家、教育学，洛阳人，同是北宋理学的奠基人。他们的学说为后来的南宋朱熹所继承，世称"程朱学派"。

杨时仰慕二程的学识，投奔洛阳程颢门下，拜师求学。4年后程颢去世，又继续拜程颐为师。这时他已40，仍尊师如故，刻苦学习。一天，大雪纷飞，天寒地冻，杨时碰到疑难问题，便冒着凛冽的寒风，约同学游酢（1053—1123年）一同前往老师家求教。当他来到老师家，见老师正坐在椅子上睡着了，他不忍打搅，怕影响老师休息，就静静地侍立门外等候。当老师一觉醒来时他们的脚下已积雪一尺深了，身上飘满了雪。老师忙把杨时等两人请进屋去，为他们讲学。

后来，"程门立雪"成为了广为流传的尊师典范。

 讨论

结合《程门立雪》的故事，讨论：尊重老师的意义。

 开阔视野

**中职生尊师礼仪规范**

一、尊重全体教职工,见面主动打招呼。

二、老师进入教室上课时,值日生喊"起立"口令。全体起立行注目礼,立姿要端正,教师回礼后,听值日生口令坐下。

三、老师上课时,迟到者要在进门处立正喊"报告",待老师允许后,方可进入教室入座。

四、回答老师问题要起立,问老师问题要举手,经允许后起立再问;回答问题或提问完毕后,待老师允许方可坐下。

五、在教室、宿舍等场合,回答师长(或来宾)问话要起立,接受递送物品时要起立,并用双手。

六、去教师的办公室要在门外立正喊"报告",待老师允许后方可入内;爱护老师的物品,不得私自翻阅老师的办公用品和个人用品。

七、尊重老师人格,维护老师形象,在任何场合都不能直呼老师的名字,更不能给老师起绰号。

八、公共场所要主动给老师让座、让路。

 反思

(1) 尊敬老师的行为和语言有哪些?
_____
_____
_____

(2) 请自己想想自己是否有不礼貌的行为,记录下来,记得提醒自己以后注意。
_____
_____

需要注意的不礼貌行为:
_____
_____
_____
_____
_____

 欣赏

### 感恩老师

如果黑板是浩渺的大海，那么老师是海上的水手，教鞭就是您的桨，划动那只泊在港口的船只。您的手势生动优美，如一只振翅翱翔的雄鹰，在辽阔的天宇边划成一条漂亮的弧线。遥远的天边飘来一片云，犹如您晶莹剔透的心，一派高远。您随便的惊鸿一瞥，执掌起满天晚霞。

一支粉笔，三尺讲台，留下的永远是您含辛茹苦的身影。滴滴汗水，点点心血，印在您脸上的始终是呕心企盼的神情。一个人一生之中最大的幸福不是过着纸醉金迷、声色犬马的生活，不是和爱人耳鬓厮磨，醉卧温柔之厢，而是遇到一个知识渊博、品行高尚的老师。

有感情地朗读文章，谈谈你的感想。

_____
_____
_____

## 任务三　保持良好的同学情谊

 目标

（1）学会与同学交往。
（2）学习与同学间友好相处、互相团结、互相帮助。

同学之间的深厚友谊是生活中一种团结友爱的力量。注意同学之间的礼仪礼貌，是获得良好同学关系的基本要求。如果同学之间关系融洽、和谐，人们才会感到心情愉快，工作也才会顺利。

古人说："慧于心而秀于言。"同学之间的交流，可以增加了解，增进友谊和相互增长知识。但要起到这样的作用，就要注意与同学的礼仪礼貌。

### 一、真诚友爱

真诚友爱是一种崇高的道德情感。因此，要树立"心中有他人"的观念，与同学友爱团结。同学之间要平等待人，相互尊重，一言一行，一举一动都要从团结的愿望出发。平时遇见同学一定要打招呼。打招呼的方式有很多，可以问好、点头、微笑、招手或喊一声名字等。要做到热情、诚恳，用真诚去爱别人，才会得到别人真诚的回报。

## 二、相互尊重

每位同学都需要被他人关爱，被他人尊重。首先要尊重他人的人格。讥笑、辱骂、给同学起绰号，不仅会伤害同学的自尊心，还会侮辱同学的人格，是低级趣味，且很不礼貌和很不道德的行为。其次，要尊重他人的生活习惯。每位同学的生活习惯都是自幼养成的，是家庭的教育和周围环境的影响而潜移默化的结果。尊重别人的生活习惯就等于对他人人格的尊重。

## 三、集体意识

每一个人都离不开集体，正像一滴水离不开浩瀚的江河大海一样。因此，每位同学都要有集体意识。在集体生活中，要顾全大局，遵守规章制度，不可我行我素。在付出的同时，也将会得到社会的尊重和他人的尊重。集体的力量很强大，见图4.3。

图 4.3

## 四、善于交谈

交谈是同学之间交流的主要形式之一。交流可以增加同学间的了解和友谊，也能增长知识。

同学们之间的交谈应该注意以下问题：

（1）说话态度要诚恳谦虚，要语调平和，不可装腔作势。

（2）交谈中力求语言文雅，注意场合，掌握好说话的分寸。

（3）开玩笑，应注意，该说的就说，不该说的则不说。听同学说话时态度要认真，不得轻易打断别人的讲话，若要插话或提问应选择适当的时机；若同学说得欠妥和说错了，应在不伤害同学自尊心的情况下，恳切、委婉地指出。吵架、骂人，说难听话是一种无教养的行为及无礼的表现。

### 五、借物还物、帮助他人

同学们经常在一起，难免相互之间借用东西，但是须谨记有借有还，即使随便用一下别人的物品，也应事先打招呼，征得他人同意。

乐于助人是我们中华民族的传统美德之一，也是校园礼仪中不可缺少的内容。当有同学需要帮助时，应分清是非，弄明情况。如果是对的，应尽力而为、量力而行、助其一臂之力，忌视而不见、置之不理。如果同学要求你弄虚作假，或者是违反校纪的事，就要有正确的是非观，不可同流合污。自己需要帮助时不要强求别人，要学会换位思考多替他人考虑，尽量不给别人造成困难，甚至带来麻烦。

## 开阔视野

阿拉伯传说中，有两个朋友在沙漠中旅行。在旅途中的某天他们吵架了，一个还给了另外一个一记耳光。被打的觉得受辱，一言不语，在沙子上写下："今天我的好朋友打了我一巴掌。"

他们继续往前走。直到到了沃野，他们就决定停下。被打巴掌的那位差点淹死，幸好被朋友救起来了。被救起后，他拿了一把小剑在石头上刻了："今天我的好朋友救了我一命。"

一旁好奇的朋友问说："为什么我打了你以后，你要写在沙子上，而现在要刻在石头上呢？"

另一个笑笑的回答说："当被一个朋友伤害时，要写在易忘的地方，风会负责抹去它；相反的如果被帮助，我们要把它刻在心里的深处，那里任何风都不能抹灭它。"

朋友的相处伤害往往是无心的，帮助却是真心的，忘记那些无心的伤害；铭记那些对你真心的帮助，你会发现这世上你有很多真心的朋友。

通过这个故事，你觉得同学间应该怎样相处呢？
_____
_____
_____
_____

某实验学校2006级2班的柳某认为：在和同学闹僵后，不要耿耿于怀，喋喋不休；也不要总是重提旧事，因为这容易把刚刚长好的伤口重新揭开。这时，如果能淡化以前的不愉快，艺术地找一些共同话题，时间一长，双方关系的重建也就水到渠成了。

某实验初中2006级7班的王某认为：被同学冤枉，受了委屈，此时心情只能用"郁闷"来形容。其实如果能设身处地，为冤枉你的同学考虑一下，你会理解对方的怒从何来，从而火气大减，郁闷顿消。那你们离和好如初也就不远了。

这是两名同学在与其他同学产生矛盾时的想法，你呢？谈一谈我们在遇到矛盾时应该做些什么？
_____

**温馨提示**

（1）同学之间不搞小团体、小集体，不影响同学间的团结。
（2）不攀比斗富，同学间要互相帮助，懂礼貌，不能恶语伤人。
（3）不要追究朋友的缺陷，不要泄露朋友的秘密，不要记着朋友过去的错误。
（4）整理书本、学习用具动作要小，彼此体谅，不影响他人学习。
（5）借东西，一定打招呼；用后，要及时归还。

## 任务四　热爱校园生活

**目标**

（1）熟悉校园礼仪的规范。
（2）学会校园基本礼仪。
（3）学会规范自己的着装。
（4）学习进校礼仪。

校园是一个追求知识、真理的殿堂，是新人成长的摇篮，是一个充满朝气和活力的大家庭。我们应该怎么做呢？
　　美好的一天开始了，从学校门口我们将开始一天的学习生活。

### 一、校服穿戴整齐

学生到校学习必须穿戴干净整洁的校服，符合我们的身份。
（1）见到老师主动问好。
（2）同学见面主动问好。
（3）值周班的同学们早早来到学校，迎接老师和同学的到来。

### 二、学习课堂礼仪

课堂教学是学校培养学生的主要手段，良好的课堂纪律是学校教学成果最有力的保障，对提高学生的学习效率有着至关重要的作用。
　　在上课之前，学生做好准备。提前预习学习内容，准备好上课需要用的资料和工具。当老师示意开始上课时，同学们要起立向老师问好。
　　听课时，要抬头挺胸，精神饱满，目视老师或黑板，做笔记例外；发言时，要起立，抬头挺胸，声音洪亮，口齿清晰。不要低头看桌面。不会回答时，应礼貌告知。如向老师说："对不起，我不会，我下来再想想。"提问发言时，要举手、或用眼神、手势示意，老师表示许可后，就可提问发言；不能交头接耳说闲话，不能东张西望，不注意听讲；上课必须把手机等通讯工具关掉，上课接电话是对老师的极大不尊重。

下课铃声响后，若老师还没宣布下课，应当安心听讲，不要忙着收拾书本，这是对老师的不尊重。下课时，要起立向老师道别：站立要端正，"再见"声音要洪亮。教室里交谈时，一定压低声音，以彼此听清为限，以免影响其他同学学习或休息。绝不能大声喧哗；不能站在过道，挡住别人过往的路，给他人带来不便；坐在靠过道的同学，应该给坐在里面的同学让路，方便他们进出；坐里面的同学也应礼貌告知对方。放学时，最后一个离开教室的同学，需要熄灭日光灯，关好门窗。

课堂礼仪见图4.4。

图4.4

#### 劳动卫生不能忘

（1）擦黑板、擦讲桌（台）一定要干净整洁，以示对老师的尊重和对老师劳动的感激。
（2）总是保持自己座位周围清洁干净，不能出现瓜子、纸屑等杂物。
（3）轮到自己值日，要认真负责，积极主动，不能偷懒，更不能把责任推给他人。

自己在教室里最不应该做什么事情：
___
___
___
___
___

### 三、宿舍礼仪

宿舍是学生共同生活的场所，学生有接近2/3的时间是在宿舍里度过的。所以在这里生活得怎样，直接影响同学之间的人际关系以及学习状况。宿舍是学生共同的家，也是反映学生精神文明和礼仪修养的一个窗口，一定要格外重视。

## （一）宿舍内的卫生（见图4.5）

保持宿舍内外整洁，经常打扫寝室，包括地面、桌椅、橱柜和门窗等。个人物品摆放整齐，如遗失物品，不要胡乱猜测他人。宿舍内外不应该乱写乱画，乱倒水，要保持干净。

图4.5

## （二）尊重集体生活秩序

不可以私翻私看别人的日记。不能随便使用、翻弄、移动他人的东西。平时不要在宿舍内高声谈笑，夜晚就寝后动作要轻，以免影响他人休息。听收音机时尽量使用耳机，或尽量把音量调小。

遵守作息时间，按时起床、就寝、熄灯等。

爱惜公共财物，随手关灯，节约用水，不浪费粮食。

## （三）重视公共安全

严禁私安、私接电源和使用超功率灯泡、电烙铁以及用电炉、电热水器。任何时候都严禁在寝室炒菜做饭。严禁在宿舍区随地大小便；如果是住在楼上，严禁向楼下倒水。

严禁吸烟、酗酒、赌博，这是作为学生必须严格遵守的。

寝室有不文明行为：

（1）脏衣服、袜子长时间不洗。

（2）随地吐痰、乱扔垃圾，乱丢废旧电池，缺乏环保意识。

（3）使用电吹风、电热器等违禁用电用品。

（4）往水池里倒剩饭、茶叶等物造成堵塞。

_____
_____
_____

### 四、礼貌用餐,爱惜"加油站"

学生食堂不仅是同学们就餐的地方,也是大家交流的地方。这里不仅有美味可口的饭菜,还有愉快的人际交往。可是总会有些不文明的现象出现。良好的餐厅环境见图4.6。

图 4.6

**评一评:**

以下哪些是正确的做法。请在正确的做法后画"√",错误的做法后画"×"。
(1) 有秩序地进餐厅,不要冲、跑、挤,排队购买饭菜。
(2) 和师长在一起吃饭,请长辈先入座。
(3) 今天很饿,打来两份饭菜,没事,吃不完倒掉。
(4) 骨、刺以及无法吃的其他东西,已经使用完的方便饭盒、筷子、面巾纸扔在餐桌上,等待别人来打扫。
(5) 有些同学用餐时高声喧哗,甚至有同学说一些不文明的语言。
(6) 有无法吃的饭、菜,要倒进指定的泔水桶里,不要往洗碗池、洗手池里倒。

**我来补充**

还发现有不文明的行为:

# 任务五　学会文明的校园集会

目标

（1）了解规范的校园集会礼仪。
（2）学会并掌握集会礼仪。
（3）提高自我服从意识。

集会是学校经常举行的活动，如升旗仪式、开学典礼、散学典礼、毕业典礼、校庆、颁奖仪式等。这些活动不仅可以让我们学习知识，还可以锻炼我们的能力，也是我们学习礼仪的重要途径。

## 一、升旗仪式

国旗是一个国家的象征，升降国旗是对青少年进行爱国主义教育的一种方式。无论中小学还是大学，都要定期举行升国旗的仪式。根据《中华人民共和国国旗法》规定，在学校我们每周一都要举行升旗仪式。国旗是神圣而庄严的。升国旗应该在一种严肃、庄重的气氛和场合中进行。在升国旗的仪式中，同学们要按照一定的礼仪进行。

牢记升旗礼仪的要求（见图4.7）：
（1）举行升旗仪式时，全体师生集合在操场上，队列整齐，面向国旗，肃立致敬。
（2）仪表要规范，仪态要庄重，穿着要干净，脱帽肃立。
（3）要保持安静，切忌喧哗、走动、打闹、东张西望、心不在焉。
（4）升国旗时，行注目礼。
（5）唱国歌要有激情，曲调准确，声音洪亮。
（6）升旗仪式结束，主持人宣布解散时方可走动。

图4.7

## 二、室内集会礼仪（见图4.8）

遵守时间，最好提前几分钟到达会场，按大会指定的位置就座。若要发言，则要提前做好发言准备，做到心中有数，条理分明。

大会开始时，不要随便走动和出声响。整个会议过程中，每个学生都要端坐静听，不得交头接耳，窃窃私语，不得打瞌睡；切不可起哄，喝倒彩或提前退出会场；要根据场合或点头示意，或鼓掌欢迎。

散会时，所有学生整理好材料，收拾好用具，摆好原有物品，起立并有秩序地退场。

图4.8

## 三、辩论会礼仪

辩论会，也叫辩论赛，还有的叫作论辩赛。在形式上，它是参赛双方就某一问题进行辩论的一种竞赛活动，实际上是围绕辩论的问题而展开的一种知识的竞赛、思维反映能力的竞赛、语言表达能力的竞赛、综合能力的竞赛。

辩手：着正装、皮鞋、深色袜子；吐字清晰，不得打断对方辩友发言（根据比赛规则，有的可以打断），切忌落座时仍在发言；发言中需称呼对方辩友或对方某辩，不可直称你；需时刻牢记对主持的尊重，辩论过程中不得发生人身攻击或肢体冲突。

主持人：着装与辩手要求一致，不得偏向某一方辩题，在辩手超时或违反比赛要求时进行提醒，主持观众提问。

观众：不得大声喧哗，有问题只可在提问环节提出。

 **实训**

分小组进行话题辩论赛，评选出遵守辩论会礼仪最好的小组。

# 单元五

## 日常礼仪

对于对方的无礼的一种无言的非议和责备,而这种讥讽是使谁都会感受到不安的。

—— 洛克

与人交,不为人所信,义未至也;与人疏,不为人所远,亦义未至也。

—— 归终居士

处事让一步为高,退一步即为进步的张本;待人宽一步是福,利人是利己的根基。

—— 洪应明

# 任务一　学习日常交往礼仪

目标

（1）了解日常交往的基本礼节。
（2）掌握基本交往礼节的作用并学会运用基本的交往礼节。
（3）在日常交往中，养成良好的行为习惯，做一个有教养、有知识、受欢迎的人。

日常人际交往是在共同社会活动中，通过人与人之间相互接触、互通信息、交流情感，或达到相互了解，彼此满足相互间的精神慰藉，从而增进友情，和谐合作，促进事业成功；或彼此吸取对方的长处和积极因素，实现自我价值，增加社会群体的聚合力。随着现代社会竞争程度的日益增强，人与人之间的关系越来越靠礼貌谦和来协调与维护。人与人之间要建立相互尊重、平等友爱、互相合作的正常关系，就需要靠大家讲究文明礼貌，讲究礼仪规则。

## 一、称呼礼仪

称呼，指的是人们在日常交往应酬之中，所采用的彼此之间的称谓语。在人际交往中，选择正确、适当的称呼，反映着自身的教养、对对方尊敬的程度，甚至还体现着双方关系发展所达到的程度和社会的风尚，因此不能疏忽大意，随便乱用称呼。

案例5.1

有位德国客人来到成都一家酒店准备住宿。服务人员为了确认客人的身份，在办理相关手续及核对证件时花费了很长的时间。服务人员看到客人等得有些不耐烦，就用中文跟陪同在客人身边的女士解释，希望能够通过她使对方谅解。沟通时他习惯地用了"老外"这个词来称呼客人。这位女士听到这个称呼，脸立刻沉了下来，表示十分不满。原来这位女士不是别人，而是客人的妻子，她认为服务人员的称呼太不礼貌了。见此情形，有关人员及这位服务人员随即作了赔礼道歉，但客人的心情已经大受影响，并且始终不能释怀，甚至连带着对这家酒店产生了不良的印象。

反思

如果你是这位服务人员，你觉得如何称呼这位外国人较为得体？请结合案例谈一下称呼

礼仪的重要性。

## （一）生活中的称呼

### 1. 对自己亲属的称呼

亲属，即与本人直接或间接拥有血缘关系的人。在日常生活中，对亲属的称呼也已约定俗成。例如，父亲的父亲应称为"祖父"，父亲的祖父应称为"曾祖父"，姑、舅之子应称为"表兄""表弟"，叔、伯之子应称为"堂兄""堂弟"，大家对此都不会搞错。

### 2. 对朋友、熟人的称呼

对朋友、熟人的称呼，既要亲切、友好，又要不失敬意，敬称对任何朋友、熟人，都可以人称代词"你""您"相称。对长辈、平辈，可称其为"您"。对待晚辈，则可称为"你"。以"您"称呼他人，是为了表示自己的恭敬之意。对于有身份者、年纪长者，可以"先生"相称。其前还可以冠以姓氏。对德高望重的年长者、资深者，可称之为"公"或"老"。

### 3. 对普通人的称呼

在现实生活中，对一面之交、关系普通的交往对象，可酌情采取下列方法称呼。

（1）以"同志"相称。

（2）以"先生""女士""小姐""夫人""太太"相称。

（3）以其职务、职称相称。

（4）入乡随俗，采用对方理解并接受的称呼相称。

## （二）工作中的称呼

在工作中，彼此之间的称呼有其特殊性。总的要求，是庄重、正式、规范。

### 1. 职务性称呼

职务性的称呼分为以下几类：

（1）仅称职务。例如："部长""经理""主任"，等等。

（2）职务之前加上姓氏。例如："刘总理""王处长""葛委员"，等等。

（3）职务之前加上姓名，仅适用极其正式的场合。例如："习近平主席"等。

### 2. 职称性称呼

对于具有职称者，尤其是具有高级、中级职称者，可直接以其职称相称。以职称相称，下列三种情况较为常见。

（1）仅称职称。例如："律师""教授""工程师"等。

（2）在职称前加上姓氏。例如："孙编委"。

（3）在职称前加上姓名，它适用于十分正式的场合。例如："李华医师"。

### 3. 行业性称呼

在工作中，有时可按行业进行称呼。它具体可分为以下两种情况：

（1）称呼职业，即直接以被称呼者的职业作为称呼。例如，"老师""教练""律师""警官""会计"。

（2）称呼"小姐""女士""先生"。对商界、服务业从业人员，一般按性别的不同分别称呼为"小姐""女士"或"先生"。

#### 4. 姓名性称呼

在工作岗位上称呼姓名，一般限于同事、熟人之间。

讨 论

对照上文介绍的称呼礼仪，讨论自己在日常生活中出现过的错误或存在的问题。

## 二、电话礼仪

电话是人们在社会交往中使用最频繁、最重要的沟通工具，它具有传递迅速、使用方便、失真度小的特点，已是现代人工作、生活中不可缺少的交流工具。正确使用电话，不仅要掌握使用电话的技巧，更重要的是要掌握打电话及接听电话的礼仪，维护自己的"电话形象"。

### （一）打电话的礼仪

#### 1. 打电话前的准备

首先，应该弄清楚对方的基本信息。其次，将与对方交流的事情列个提纲。最后，注意打电话时间的选择。

#### 2. 打电话中的礼仪

电话接通后首先向对方问候，以"您好"开始，随后介绍一下自己，可以报出自己的姓名和单位，其他信息根据需要加以补充。接着立即通报自己要找的人的姓名，注意语言的文雅，举止文明，内容简明扼要。结束通话应当由打电话一方提出，轻放电话，彼此客气道别。"谢谢你了""打扰了""麻烦你了"。

### （二）接电话的礼仪

#### 1. 迅速准确地接听

在完整的两次响铃后，拿起话筒，会使接电话的人显得既稳重而又不清高。若铃响了很长时间才接电话，就应向对方表示歉意。

#### 2. 说好前几句

电话接通后，首先应说"您好"或在"您好"之后自报家门。一般情况下，自报家门有四种方式：一是报本人的全名；二是报本人所在的单位；三是报本人所在单位和本人的全名；四是报本人所在的单位、本人的职务和全名。其中，第一种用于私人交往中；后三种用于公务交往中。

#### 3. 礼貌友好

接听电话时，要温和应答。如遇对方误拨的电话，应耐心说明，不可恶语相加。

#### 4. 代接好电话

如替他人接听，应做好记录并及时转达。一定要记录以下几点：① 对方的姓名和工作；② 接电话的时间；③ 事情（谁、哪儿、什么、什么时候、为什么、怎么样）；④ 对方的电话号码；⑤ 以后的联络方法。

### 案例5.2

一位消费者新买的电视机出现了故障。她忘了该电视机的维修电话,于是从查号台问到该公司电话后打了过去。一位工作人员接了电话后,犹豫几秒钟后说道:"我帮你找人来说,你稍等。"谁知这一等就是好几分钟,这位消费者能听到办公室嘈杂的声音,但就是没人再接电话,那位小姐好像也不知去向。她非常生气,从此对这个品牌的印象就大打折扣,再也不购买这个品牌的商品。

两人一组,练习电话礼仪。

### 三、握手礼仪

握手作为国际上通用的一种礼节,它是见面时最常见的礼仪。握手是当代世界上最为普遍的一种礼仪,它有表达见面、告别、祝贺、安慰、鼓励等之意。

#### (一) 握手的方式

握手是一种友好的方式,但握手的力度、姿势与时间的长短往往能表达握手人对对方的不同礼遇与态度,给人留下不同的印象。美国著名作家海伦·凯勒曾写道:"我接触过的手,虽然无言,却极有表现力。有的人握手能拒人以千里之外,也有些人的手充满阳光。"具体来说,要握手时应该注意以下问题:

1. 握手的顺序

握手顺序按照"尊者为先"的原则。在正式场合,以上级先伸手为礼;在日常生活中,以长辈、女士、已婚者先伸手为礼;在社交场合,以先到者先伸手为礼;在师生之间,以老师先伸手为礼;在接待来客时,以主人先伸手为礼,客人告辞时,以客人先伸手为礼。

2. 握手的基本姿势

与他人握手时,神态应当专注、热情、友好、自然。通常情况下,在握手的同时,还应面带微笑,目视对方双眼,并且口头问候。向他人行握手礼时,只要有可能,就应起身站立。握手的标准姿势是行礼时走至距握手对象1米处,双腿立正,上身略向前倾,伸出右手,四指并拢,拇指张开与对方相握,上下稍许晃动三四次,稍许用力,随后松开手来,恢复原状。

3. 手的位置

在握手时,手的位置至关重要。具体而言,有两种不同的形式。

(1) 单手相握(见图5.1)。以右手单手与人相握,是最常见的握手方式。手掌垂直于地面最为适当,它称为"平等式握手",表示自己不卑不亢。与人握手时掌心向下,则表示自己感觉甚佳,自高自大,这一方式称作"控制式握手"。与人握手时掌心向上,表示自己谦恭、谨慎,这一方式称作"友善式握手"。

（2）双手相握，亦称"手套式握手"。即用右手握住对方右手后，再以左手相握住对方右手的手背。这种方式，适用于亲朋旧故之间，可用以表达自己的深厚情谊。一般而言，此种方式的握手不适用于初识者与异性，因为它有可能被理解为讨好或变态。

图 5.1

注：图片来源于昵图网，http://www.nipic.com。

### （二）握手的禁忌

在公共关系交往中，行握手礼时应努力做到合乎规范，并且避免违犯下述失礼的禁忌。否则不但不能起到良好开端的作用，可能还会导致别人的误解、猜疑和反感，从而不利于交往的顺利进行。握手的禁忌主要有如下内容：

（1）握手时，另外一只手不要拿着报纸、公文包等东西不放，也不要插在口袋里。

（2）不要在握手时争先恐后，应当依照顺序依次而行。

（3）女士在社交场合戴着薄纱手套与人握手被允许，但男士无论何时都不能在握手时戴着手套。

（4）除患有眼疾或眼部有缺陷者外，不允许握手时戴着墨镜。

（5）不要拒绝与他人握手，也不要用左手与他人握手。

（6）与基督教徒交往时，不要两人握手时与另外两人相握的手形成叉状。这种形状类似十字架，在他们看来是很不吉利的。

（7）握手时不要把对方的手拉过来、推过去，或者上下左右抖个不停。

（8）握手时，不要长篇大论，点头哈腰，滥用热情，显得过分客套。

（9）握手时不要仅握住对方的手指尖，也不要只递给对方一截冷冰冰的手指尖。

（10）不要用很脏的手与他人相握，也不能在人与人握手之后，立即揩拭自己的手掌。

 实　训

两人一组，分情景练习握手礼。

## 四、鞠躬礼

这是人们在生活中用来表示对别人的恭敬而普遍使用的一种礼节，既适用于庄严肃穆或喜庆欢乐的仪式，又适用于一般的社交场合。鞠躬的程度表达不同的意思。如：15°鞠躬礼、30°鞠躬礼、45°鞠躬礼、90°鞠躬礼。

具体做法是：鞠躬前，脱帽、身体立正、眼睛平视。鞠躬时，身体上部向前下弯曲（见图5.2）。

图 5.2

全班同学一起练习几种鞠躬礼。

## 五、拱手礼

拱手礼是我国常用的一种见面礼仪。有同对方"保持距离"的意义，具有封闭性的内涵。

拱手礼的正确做法是，行礼时，双腿站直，上身直立或微俯，左手在前、右手握拳在后，两手合抱于胸前，有节奏地晃动两三下，并微笑着说出您的问候。

## 六、合十礼

合十礼亦称合掌礼，是一种具有浓郁的宗教色彩的礼节。该礼最初在信奉佛教的国家和地区被广泛使用。目前信奉佛教的地区较为流行。

行礼时，双目注视对方，面带微笑；然后双手五指并拢，在胸前20厘米处对合；上身前倾30°～45°，对合的双手也微微上举，使手指尖部与额同高。

向一般人行合掌礼时，合掌的掌尖与胸部持平即可，若是掌尖高至鼻尖，那就意味着行礼着给予了对方特别的礼遇。唯有面对尊长者时，行礼者的掌尖才允许高至前额。

### 七、注目礼

在升国旗、游行检阅、剪彩揭幕、开业挂牌等情况下，适用注目礼。

具体做法是：起身立正，抬头挺胸，双手自然下垂或贴放于身体两侧，面容庄严肃穆，双目正视被行礼对象，或随之缓缓移动。行礼时，不能大声喧哗、嬉皮笑脸、衣冠不整、东倒西歪、打打闹闹等。

### 八、拥抱礼

一般是两人正面相对而立，各自举起右臂，右手扶在对方左肩后面，左臂下垂，左手扶在对方右腰后侧，按各自的方位，两人头部及上身都向左相互拥抱，然后头部及上身向右拥抱，再次向左拥抱，三次礼毕。此礼在西方国家较流行。

## 任务二　　学习日常见面礼仪

（1）能针对不同场合和情境，恰当地运用介绍礼仪。
（2）懂得赠接名片的礼仪，提高自身的交际能力和职业能力。
（3）在日常生活中与陌生人相识时能恰当使用见面礼仪。

### 一、介绍礼仪

在人际交往中，特别是人与人之间初次的交往中，介绍是一种最基本、最常规的沟通方式，同时也是人与人之间相互沟通的出发点。

案例5.3

在一次校友聚会上，王先生喝得醉醺醺地指着对面桌子上的一个女士说："那个女的长得太丑了，怎么好意思来见人。"李先生听了很生气地说："那是我的妻子。"王先生急忙地掩饰说："我说的是她旁边那位。"张先生愤怒地说："那是我的夫人。"王先生十分尴尬，再也不知道怎么解释了。

案例5.4

一名刚毕业的大学生，进入工作岗位时，见到任何人都很热情地介绍自己的姓名、毕业学校、爱好、在校获奖情况,等等,最后大家都不喜欢他,还遭人白眼,他非常纳闷,不知道什么地方做得不妥。

## 讨论

请针对以上两个案例谈谈你的看法,评价一下材料中涉及的社交礼仪行为。

### (一)自我介绍

#### 1. 自我介绍的内涵

自我介绍即在必要的社交场合,由自己担任介绍的主角,将自己介绍给其他人,使对方认识自己。

选择自我介绍的情况可以归纳为三种:一是希望结识他人;二是希望他人结识自己;三是自己认为有必要让他人了解或认识自己。

#### 2. 自我介绍的具体形式

(1)工作式。

工作式的自我介绍适用于工作场合,介绍内容包括本人姓名、供职单位及其部门、职务或从事的具体工作等。"你好,我叫韩×,是电子科技公司的销售经理。"

(2)应酬式。

应酬式的自我介绍适用于某些公共场合和一般性的社交场合,这种自我介绍最为简洁,往往只包括姓名一项即可。例如,"你好,我叫王×",或者是"你好,我是王×"。

(3)交流式。

交流式的自我介绍适用于社交活动中,希望与交往对象进一步交流与沟通。它大体包括介绍者的姓名、工作、籍贯、学历、兴趣及与交往对象的某些熟人的关系。

"你好,我叫周×,我在环球旅游公司上班。我是王×的朋友,都毕业于广播影视学院。"

(4)礼仪式。

礼仪式的自我介绍适用于讲座、报告、演出、庆典、仪式等一些正规而隆重的场合。介绍内容包括姓名、单位、职务等,同时还应加入一些适当的谦辞、敬辞。

"尊敬的各位来宾、各位领导,大家下午好!我是电子科技公司销售经理小王。我代表本公司热烈欢迎大家光临我们的展览会,希望大家……"

(5)问答式。

问答式的自我介绍适用于应试、应聘和公务交往。问答式的自我介绍,应该是有问必答,问什么就答什么。

问:"你好,请问怎么称呼你?"
答:"我姓张。"
问:"张女士,你好!很高兴认识你,你是哪儿人?"
答:"河北。"

### (二)介绍他人

介绍他人是经第三者为彼此不相识的双方引见、介绍的一种介绍方式。介绍他人通常是

双向的，即将被介绍者双方各自均做一番介绍。（见图5.3）

图5.3

1. 介绍的顺序

为他人做介绍时必须遵守"尊者优先"的原则。把年轻者介绍给年长者；把职务低者介绍给职务高者；如果对方年龄、职务相当，则把男士介绍给女士；把家人介绍给同事、朋友；把未婚者介绍给已婚者；把后来者介绍给先到者。

2. 介绍的方式

（1）简介式：适用于社交场合，一般只介绍双方的姓名。

（2）标准式：适用于正式场合，以介绍双方的姓名、单位、职务等为主。

（3）强调式：适用于各种交际场合，除了双方的姓名外，更强调某位被介绍人与介绍人的关系，期望得到另一位被介绍人的重视。

（4）推荐式：适用于比较正式的场合，特别强调介绍某位被介绍人的优点、长处，期望另一位得到被介绍人的重视。

（5）引荐式：适用于一般的社交场合，介绍人只是把被介绍人引见在一起，并不做实质性的介绍，敬请双方进行自我介绍。

### 介绍他人的注意事项

介绍者为被介绍者介绍之前，一定要征求一下被介绍双方的意见，切勿上去开口即讲，显得很唐突，容易让被介绍者感到措手不及；被介绍者在介绍者询问自己是否有意认识某人时，一般不应拒绝，而应欣然应允。实在不愿意时，则应说明理由；介绍人和被介绍人都应起立，以示尊重和礼貌。待介绍人介绍完毕后，被介绍双方应微笑点头示意和握手致意；在宴会、会议桌、谈判桌上，视情况，介绍人和被介绍人可不必起立，被介绍双方可点头微笑致意。如果被介绍双方相隔较远，中间又有障碍物，可举起右手致意，点头微笑致意；介绍完毕后，被介绍者双方应依照合乎礼仪的顺序握手，并且彼此问候对方。问候语有"你好""很高兴认识你""久仰大名""幸会幸会"，必要时还可以做进一步的自我介绍。

资料来源：来源于百度文库，作者已做修改。

## 二、名片礼仪（见图5.4）

名片是当代社会私人交往和公务交往中一种最为经济实用的介绍性媒介。作为一种礼仪信物，早在我国西汉时期就已经出现。1990年，著名的索斯比拍卖公司以145万美元的惊人纪录拍卖了戏剧天才莎士比亚亲笔签名的名片，被称为世界上最贵的名片。清朝政要李鸿章出使美国期间而特制的一枚2米长的名片，被世人称为"世界上面积最大的名片"。名片是现代人自我介绍信和社交的联谊卡，往往在介绍之后使用。

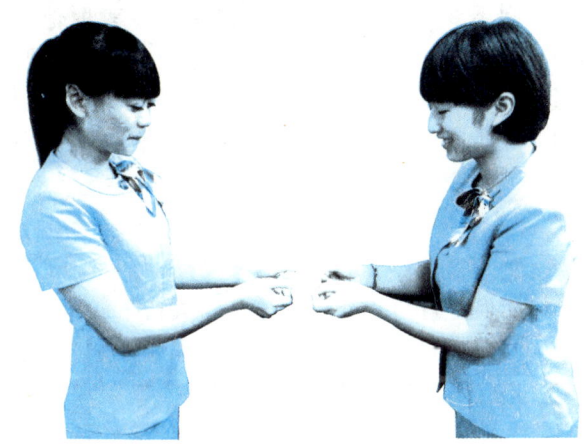

图5.4

### （一）名片的样式

名片被称为人们的第二脸面，所以对名片样式、制作及印刷均十分讲究。一张标准的名片应包括三方面的内容：一是本人所属单位、单位标记及具体部门；二是本人的姓名、职务或职称；三是与本人联系的方法，包括单位地址、电话号码等内容。名片内容的编排有不同的版式，具体形式则视喜好而定。

名片的规格一般为5.5cm×9cm；国际社会有相当数量的人用的名片规格是6cm×10cm；女性用的名片规格还有一种尺寸，即4.5cm×8cm。板式以横排为佳；质地多为柔软耐磨的白板纸；色彩以白色、乳白色、黄色和浅蓝色为主，讲究高雅、艺术与庄重。

### （二）递送名片的顺序及方法

地位低的人要先把名片递给地位高的人。如：男士→女士，晚辈→长辈，下级→上级，主人→客人。如果现场不止一个人，递名片的顺序一般是：按照职务高低前进。非正规的做法是由近而远，谁离自己近就先给谁。

向对方递送名片时，应面带微笑，注视对方，将名片正对着对方，用双手的拇指和食指分别持握名片上端的两角给对方。如果对方一开始是坐着的，应当起立或欠身递送，递送的同时说些礼貌友好的话语，例如：“这是我的名片，欢迎多联系""这是我的名片，请多关照"。总之，递送名片的动作要洒脱大方、态度要从容自然、表情要亲切谦恭。

### （三）接受名片

接受他人名片时，应起身，面带微笑注视对方，用右手去接对方的名片，然后说"谢谢"。接受名片者应当首先认真地看看名片上所显示的内容，必要时可以从上到下，从正面到反面重复看一遍，也可以把名片上的姓名、职务读出声来，以表示对赠送名片者的尊重，同时也加深了对名片的印象。千万不要把名片随便弃之一旁，应将名片细心地存放好。

### （四）索取名片的礼仪

除非有特殊的原因，否则不要强索他人名片。如果想要索取他人名片时，不宜直言相告，而应委婉表达，或向对方提议交换名片，并主动递上本人的名片。出于礼貌，对方也会拿出自己的名片。反过来，当他人向自己索取名片时，如自己不想给对方，不应直截了当地拒绝，而应以委婉的方式表达，可以说："对不起，我的名片用完了"。

## 课后反思

在以下各种场景中，应如何进行自我介绍，才能给人留下印象？

| 任　务 | 自我介绍的形式 | 自我介绍的具体内容 |
| --- | --- | --- |
| 去人才市场参加招聘面试 | | |
| 不得不向他人介绍自己 | | |
| 他人在讨论自己感兴趣的话题很想加入时 | | |
| 因工作拜访其他公司同事 | | |
| 主持晚会节目 | | |

 **实训**

赠接名片练习：两人一组，按照名片接递要求，练习规范的名片赠接递方法。

## 任务三　学习拜访和接待礼仪

 **目标**

(1) 掌握拜访和接待的基本礼仪及方法。
(2) 了解日常生活中的交际礼仪，提高自身交际水平。

### 一、拜访礼仪

#### （一）准备阶段

(1) 约定拜访时间。

决定到某家做客的时候，事先应给主人打个电话，预先约定一个合适的时间，以便主人事先做好安排。时间不宜太早或太晚，最好安排在下午或晚饭后，要尽量错开吃饭和休息的时间。如果不打招呼就贸然前去，很容易扰乱主人的工作和生活秩序，而且也容易扑空。如果事先与主人约好了时间就要信守，准时到达。如果不能前往就要提前通知对方，并表示歉意。

(2) 选择好服装。
(3) 选择好礼物。初次到别人家做客，最好适当带些礼品。

#### （二）敲门问候

(1) 到主人门前时，轻轻地敲门或按门铃，当主人听到敲门或门铃声出来后，互相问候对方进屋。敲门或按门铃后，若屋内无反应，可再敲或再按门铃，但时间不宜过长。
(2) 赴约时尽量不要带太多的随身物品。
(3) 应邀做客时，别忘了带一点小礼物，并适时向主人表达自己的一番心意，此举会给人以礼数周全的感觉。

#### （三）上门有礼，做客有方

(1) 进入主人家门后，如果主人家屋内是以地毯或地板铺地，切忌径直登堂入室，而应向主人要求换拖鞋。

（2）进入室内后，要主动向长者、熟人以及其他先到的客人打招呼，不可大大咧咧地随便坐下，要待主人安排座位后再就座。

（3）当主人为你端茶点烟时，不要显出一副心安理得的样子，要马上起身致谢，并用双手迎接；主人献出糖果时，不能迫不及待地伸手就拿，须待年长者和其他客人先取之后方可取食。

（4）其他要注意的事项还有：烟灰务必弹在烟灰缸内，果皮、果核不要乱丢乱放，更不可"宾至如归"，随意翻弄主人家的东西。

### （四）适时告辞

在同主人交谈的过程中，如果发现主人心不在焉，如已到约定时间，应主动"见好就收"，通常一般性的拜访不要超过一个小时，初次拜访不要超过半个小时为好。提出告辞后，当主人送出门口时，客人迈出一步即转回身致谢。

## 二、接待礼仪

### （一）迎宾的礼仪

如果你事先知道有客人来访，要提前打扫门庭，以迎嘉宾，并备好茶具、烟具、饮料等，也可根据自己的家庭条件，准备好水果、糖、咖啡等。客人在约定时间到来，应提前出门迎接。

客人来到家中，要热情接待。如在家中穿内衣、内裤，应换便衣，即使是十分熟悉的客人，也应换上便衣。客人进屋后，首先请客人落座，然后敬茶、递烟、端出糖果。端茶、送糖果盘时要用双手，并代为客人剥糖果、削果皮、点香烟。

### （二）待客礼仪

（1）接待来访者时，手机应调为静音。

（2）客人坐下以后要给客人倒茶，每杯茶以2/3为宜，"浅茶满酒"，敬茶应双手奉上，将茶杯放在客人的右手上方。端茶时不要用手抓住杯子，容易让人产生不卫生的感觉。女士、长者先敬。

（3）吃饭的时候，要热情邀请客人一同进餐。客人吃过饭后，要送上热毛巾，并重新更换热茶。

（4）客人来时，如自己恰巧有事不能相陪，要先打招呼，致以歉意，并安排家属陪着。然后再去干自己的事。

### （三）送客礼仪

客人告辞，一般应婉言相留。客人执意要离开时，主人应尊重客人的意见，起身相送。送客人，要送到室外或电梯门口，重要的客人要送到大门口、楼下或其乘坐的车辆驶离之外。同客人告别时，要与之握手，对来访表示感谢并道"再见"。客人离去时，要挥手致意，目送客人远去。

## 探望病人的礼仪及注意事项

生活处处有学问，而探望病人时的一些礼仪及注意事项也是一种学问。在生活中，亲朋好友难免都会患病，这时候前往探望、慰问是人之常情，也是一种礼节。此时，需要注意以下几个方面。

（1）探望前的准备。

首先，在决定去探望某个病人之前，应当对该病人所患的疾病和病情有所了解。例如：病人得的是什么病，病情重不重，治疗情况如何，病人的心理和情绪怎么样，现阶段是否适合前往探病，等等。

其次，要弄清楚病人住在什么医院、什么病区和什么病床号，还要了解医院探病的时间，以及病人的作息时间。最好尽量避开病人休息、用餐和医疗的时间。如果病人在家治疗养病，则应该在午休之后去探望为好。

最后，要开始着手准备一些礼品送给病人（应选择对病人有益的礼品）。

（2）探望时间。

大多数医院对于亲属探望病人都有明确的规定和时间安排，在一些传染病医院、妇产医院，相关规定更为严格。因此，探望病人一定要提前预约，了解清楚探视时间和病人接受治疗的安排情况后再去探望。时间最好选在10：00～12：00，尽量不影响病人休息和用餐。另外，探望时间也不宜过长，一般以15分钟左右为宜。

（3）探望时选送的礼品。

探望病人所带的礼品有一定的讲究，既然送礼就要送到心坎里，不要送一些病人忌讳或华而不实的东西。目前，探病的礼品大致有鲜花、水果及食品之类的东西。

水果的营养丰富，病人往往都很需要。但是要根据病人的病情来选择对病人有益的水果。一般来说，苹果多数病人均可食用。它含钾较多，吃它可以开胃，对高血压者能帮助降压。梨有清热、止咳、平喘等作用，对麻疹、慢性支气管炎、高热、半身不遂等患者尤其相宜。桃内含有苹果酸、柠檬酸和维生素C，如给病人送些罐装蜜桃，能帮助病人调整消化道的功能。橙有治风热咳嗽的作用。杏有止渴、定喘、解瘟的作用。山楂适用于腰痛、高血压、冠心病或动脉硬化患者。香蕉含有维生素A、B、C、E，适合于便秘患者，更宜于老年人，但高血压病人不宜多吃香蕉。

鲜花是吉祥、友谊、美好、幸福的象征，它能给人以美感，给单调的病房生活带来新鲜的生活气息，使病人得到精神上的调剂和享受。但是在送鲜花前，最好打听一下，该病人及病房是否允许送鲜花。最好选择香味比较淡雅的鲜花，因为浓郁的花香会使体弱的病人感到头晕。另外，一定要注意不要送纯一色的白花或黄花，也不要送盆花，容易让病人误会久病成根。

（4）言行。

探望病人时，神情应该保持轻松和关切，不要显得过于担心，见到病人治疗用的针头、皮管及其他医疗器械，不要表现出惊讶的神态，以避免给病人带来压力。由于特殊的心理状态，人在患病期间都相当的敏感。最忌的是说些增加病人负担的话。应该尽量让病人减轻心理压力。探望重病人，一定要同家属、医生口径一致，不可轻易当病人的面泄露"天机"，以免影响治疗效果。

与病人谈话时，一般应先询问病人身体状况及治疗效果。说话时要看着病人的眼睛，不要东张西望，使病人感到你在真心实意地关注他。在病人讲述病情时，要认真地听，不要心不在焉，左顾右盼。在谈话的内容上，针对患者的焦虑心态要多说一些轻松、安慰的话，或释疑开导，或规劝安慰，以利于病人恢复平静稳定的心情。不要向病人介绍道听途说的偏方、秘方，不要推荐未经临床实验的药物。还要多说一些关心、鼓励的话，让病人感到愉快，淡化病痛带来的苦恼，以增强病人战胜疾病的勇气。结束探望时，要从健康的角度考虑，最好能够适时地、婉转地结束探望。一方面，避免因为自己探视时间过长影响了病房里的其他病人休息；另一方面，也可以让病人早点儿休息，避免疲劳影响身体恢复。最后，祝福病人安心休养，祝早日康复！

案例5.5

小李在工作中一直很主动，老板对他也很器重，他也认为自己是老板的大红人而沾沾自喜。一次，他再次在公司大会上受到了老板的嘉奖，觉得老板真是自己的知己，心想要和老板像哥们儿一样聊聊天。

当天晚上，小李兴高采烈地敲开老板别墅的门。老板不在，他解释半天，警惕的保姆像看恐怖分子一样看他，说没有预约不能进去。后来老板的夫人过来，客气地问他有什么事情。他支支吾吾地说就是看望看望老板。在老板的客厅里小坐时，他明显地感到客套背后的拘谨。

没有见到老板，他还不死心。几天后，他又一次敲开老板的家门，老板娘的第一句话是："又来了？"他忐忑不安地进入客厅，而这时候，老板刚刚从浴室出来，穿着随意的浴衣，上面的水珠还在滴滴答答地往下流。看见这位不速之客时，老板脸上露出了一丝尴尬的微笑，和在公司大会上的热情完全不一样了。在有一搭没一搭的交谈中，他如坐针毡。在告辞时，老板委婉地告诉他，以后有什么事情尽量在公司谈。

小李做错了什么？他应该怎么做？

## 任务四 日常礼仪综合演练

目标

（1）通过演练加深对日常礼仪规范的理解，掌握日常生活中经常遇到的礼仪方面问题的处理方法。

（2）了解如何处理日常礼仪问题，做一名懂道德、讲礼貌的新时代文明中职学生。

### 一、分组排练

将全班同学分成若干小组，每组5~7人，分别担任不同情景中的不同角色，按照日常交往礼仪要求排练情境活动。

（1）学生2人为一组，实训在教室进行。

（2）各小组学生自选情境，分别扮演情境中的对象，模拟电话内容。

（3）各小组实训时其余学生观看并点评。

①介绍礼仪、握手礼仪。

②电话礼仪、名片礼仪。

③拜访和接待礼仪。

### 二、情景剧表演与点评

各小组在全班展示排练的情景剧。每组评论员评议，任课老师点评。点评请注意结合社交礼仪的规范和要求。

_____
_____
_____
_____

### 三、模拟任务训练

小李作为接待组成员，在陪同领导与贵宾团见面时，由于与该团团长认识，因此在见面的时候，先为团长热情地介绍了身边的领导。小李自认为自己的接待很顺利，殊不知，他的行为却引起了领导的不满。

小组讨论：小李的行为有何不妥？正确的介绍方式应是怎样的？请同学模拟示范表演，同学评议。

# 单元六

## 家庭礼仪

　　家庭礼仪是整个社会礼仪的基础元素。它在现代社会生活中发挥着重要的作用，是维持家庭生存和实现幸福的基础，能使家庭成员之间达成和谐的关系。在家庭中提倡讲究文明礼貌对整个社会形成良好的风气有着积极的推动作用，也能为家庭生活带来更多的幸福和欢乐。

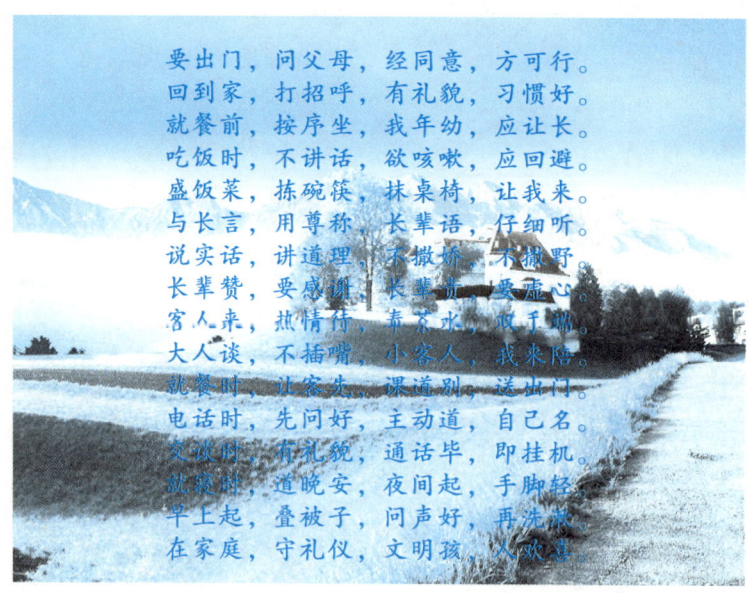

要出门，问父母，经同意，方可行。
回到家，打招呼，有礼貌，习惯好。
就餐前，按序坐，我年幼，应让长。
吃饭时，不讲话，欲咳嗽，应回避。
盛饭菜，拣碗筷，抹桌椅，让我来。
与长言，用尊称，长辈语，仔细听。
说实话，讲道理，不撒娇，不撒野。
长辈赞，要感谢，长辈励，要虚心。
客人来，热情待，备茶水，敬毛巾。
大人谈，不插嘴，小客人，我来陪。
就餐时，让客贵，课间别，送出门。
电话时，先问好，主动道，自己名。
交谈时，有礼貌，通话毕，即挂机。
就寝前，道晚安，夜间起，手脚轻。
早上起，叠被子，问声好，再洗漱。
在家庭，守礼仪，文明孩，人欢迎。

## 任务一　营造充满爱的家庭

（1）了解家庭成员间的基本礼仪。
（1）学会尊重、爱戴家庭中的每一个人。

家庭礼仪，指的是人们在长期的家庭生活中，用以沟通思想、交流信息、联络感情而逐渐形成的约定俗成的行为准则、礼节和仪式的总称。

### 课堂延伸

（1）找一找，图6.1中有几个人，他们分别是谁？

图6.1

（2）小组讨论：家庭里需要礼仪么？有哪些呢？

_____
_____
_____
_____

家庭成员间互敬互爱，互谅互助，互相信任，尊老爱幼是首要条件。子女应尊敬赡养父母，父母要爱护子女；兄弟姐妹间，遇事要宽宏大量，不可斤斤计较，要互谅互让，遇到问题要协商解决，一人有难，大家相助。

家庭成员之间要做"八互"：互敬、互爱、互信、互助、互帮、互让、互谅、互感。

### 一、家庭亲人间也须讲礼貌

有的人会认为，对陌生人或家庭成员以外的人，讲礼仪是必要的。一家人天天相处在一起关系密切，用不着讲客套。其实不然，亲人间也要讲礼仪。家人之间虽然存在特殊的亲情关系，但讲礼仪也是对家人真心诚意的尊重，而不是什么虚情假意。现在有些学生对家人往往不讲礼貌，不注意尊重父母长辈。如喊家长称"喂，喂"，与家人抢电视，父母身体不适时，不知关心体贴问寒问暖，自己能干的事也要指使家人干等。

如果我们每个人与家人都能互相体贴关心，彼此宽容体谅，处处以礼相待，那家庭生活一定会和睦温馨，充满欢声笑语。家是我们人生的起点，是生活的港湾，家庭生活是社会生活的提前训练。要从家庭生活中，从与我们最亲最近的家人相处中，开始学习做人。

### 二、尊重孝敬长辈是传统美德

中国古语："老吾老以及人之老""百善孝为先"。孝是一切道德的根源，是一个人为人处世的根本。不少伦理学家把孝敬父母看作是处理人际关系的第一台阶，是做人的基本要求。孝心作为传统美德，可以促使家庭和睦，温馨幸福。有人调查，三代同堂的家庭，如果中间一代孝敬长辈，孩子才会懂得孝敬父母、祖辈。家庭中不仅要长幼有序，而且要互相关心，互相宽容，呈现一种和乐融融的气氛，这对每个人的身心发展都是有利的。作为学生要从小学好本领，将来投身于事业去建功立业，为父母家庭带来荣誉和自豪，此为大孝。

小黄香是汉代湖北省一位孝敬长辈而名留千古的好儿童。他九岁时，不幸丧母，小小年纪便懂得孝敬父亲。每当夏天炎热时，他就把父亲睡的枕席扇凉，赶走蚊子，放好帐子，让父亲能睡得舒服；在寒冷的冬天，床席冰冷如铁，他就先睡在父亲的床席上，用自己的体温把被子暖热，再请父亲睡到温暖的床上。小黄香不仅以孝心闻名，而且刻苦勤奋，博学多才，当时有"天下无双，江夏黄童"的赞誉。

从小黄香的故事中我们学到了些什么？

_____
_____
_____
_____
_____

构建良好的家庭氛围，见图6.2。

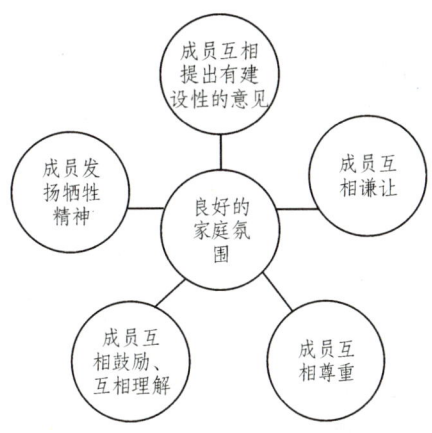

图6.2　构建良好的家庭氛围

# 任务二　学会爱戴、尊重父母

 目标

（1）学会体谅、尊重父母。
（2）学会爱戴父母，做个贴心的小棉袄。
（3）学会孝顺、感恩父母。

想一想

现在不少孩子不知道父母的工作情况，不知道父母的钱是怎样得来的，只知道向父母要钱买这买那，认为父母给孩子吃好、穿好、用好是天经地义的。你怎么看？

## 一、明白父母为家庭所付出的辛苦

我们要知道懂得父母养育自己的艰辛，对父母亲人的爱要加倍珍惜，没有他们的辛勤劳动，就没有现在幸福的生活。要对父母充满感激之情，体会父母养育的艰辛，把它作为学习的动力。要珍惜自己的生活，从心底产生对父母的感激和敬重。同时，要学会自己能做的事自己做，参加力所能及的家务劳动，以减轻父母的负担，增强家庭责任感。另外，向班里那些生活中能孝敬父母、生活俭朴、有上进心、学习成绩优异的同学学习。

## 二、关心体贴父母

父母养育子女,并不是为了将来子女如何报答自己。但是,与其他人一样,父母也需要关心,尤其需要子女的关心。谁都有衰老的一天,谁都有需要子女关心的日子。人一辈子有两件大事:生儿育女,养老送终。这是社会的规律,谁都不应该回避。

关心体贴父母,尤其要留心老人的健康状况,这是对父母最大的关心。疾病是老年人最大的麻烦,越是身体不好的人,越需要子女的关心。对有病的父母,一定要悉心照料他们的衣食起居,随时嘘寒问暖,给予老人更多的关心。成年的子女,除了完成自己的工作外,还要主动挑起家庭的重担,为父母分忧,尽量减轻父母的负担,让辛苦了大半辈子的父母享受一下清闲。要参与家务劳动,未成年子女应承担必须完成的家务劳动,哪怕是吃饭时摆筷子、餐后洗碗、扫地,整理自己的房间,打扫家里的卫生,替他们接待一下客人,因为你也是家庭的一分子。还在继续学习的孩子们,也要分担父母的忧虑。严格要求自己,体谅长辈的艰辛,尽可能让长辈少为自己操心,为父母分忧解难。还应关心父母健康:当父母劳累时,孩子应主动帮助或请父母休息一下;当父母外出时,孩子应提醒父母是否遗忘东西或注意天气变化;当父母有病时,应主动照顾,煎药、喂药、问寒问暖,多说宽慰话以及陪同就医。

 讨 论

你觉得我们还能做哪些事情来关心体贴父母。请同学们回家动手试一试。
_____
_____
_____
_____
_____
_____

## 三、对待父母的错怪

在生活中,父母错怪孩子是常有的事。这种误解实在难以容忍,但如果你遇到后千万要沉住气,要克制自己,避免因过分强烈的反应而加深彼此之间的误会。

首先我们要耐心听完父母的责怪、训斥,以便弄清他们是在什么事情、什么问题上对你产生了误解。如果确实因父母把问题搞错了,那么就可适当做些解释工作,只要事情本身比较简单,父母情绪又比较平稳,误会马上就可消除。

许多事情不是三言两语就可以解释清楚的,静下心来不说话,这样做虽有默认过错的危险,但保持暂时沉默对缓和紧张气氛,减少对父母的感情刺激是有好处的。沉默不语不容

易，争辩解释又会激化矛盾，所以在遭遇责怪时可借故设法暂时离开，待大家都心平气和时再详细地解释，且要避免使用刺激性语言，更不要责怪埋怨父母一时的不当。切忌对父母生气失去信任，更不能因此而采取过激的行动。

**讨论**

你有过被父母错怪的经历吗？当时的你是怎么处理的？现在你应该怎么做呢？

_____
_____
_____
_____
_____
_____

**温馨提示**

一切真相大白时，父母一定会为错怪你而后悔，你可千万不要忘记给父母以体贴的宽慰。

### 四、正确看待父母的打骂

"棍棒底下出孝子"是我国旧的传统教育思想和方法。家长受此影响较深，遇到习惯用打骂处理矛盾的父母应如何处理呢？

首先要理解解父母的心情。受父母的体罚一定是有原因的，没有一个父母不愿自己的孩子成才，所以老是"恨铁不成钢"。你的不争气、不努力，辜负了父母的希望。打骂，是想唤起你的觉悟。你应该理解父母的苦心，找找自己的原因，主动向父母承认错误，表示改过的决心。不要与父母计较态度，因为他是长辈。只有严格要求自己，以后不犯类似的错误。一个真正懂事、孝敬父母的孩子是不会计较父母的行为的，应该更多地看到自己的过错和给父母带来的伤害，体谅父母不正确做法中的合情合理成分，看到隐藏在打骂背后的父母的一片苦心。

不能赌气，产生对立情绪，故意在行动上干出违背父母意愿的事。这样做不但会使父母更伤心，矛盾更激化，更甚者还可能因为我们不听从父母的忠告，犯更大的错误。

有些同学对父母的打骂心里不满，表面装得无所谓，为免受皮肉之苦以消极的态度应付父母，能瞒就瞒，能骗就骗，报喜不报忧，这样做的后果是很严重的。

如何孝敬父母，见图6.3。

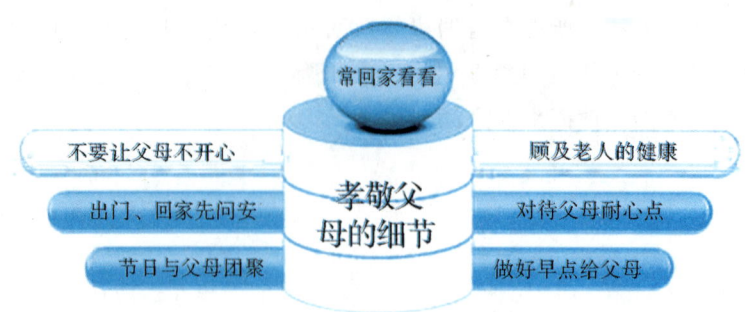

图 6.3

（1）孝敬父母要在生活中处处关心父母，越是细小的地方，越难做到，越应该做到。

（2）说"谢谢"源于我们心中真诚而美好的爱，让我们随时都知道，幸福生活，是众人所赐。

（3）亲戚，越走才越亲。逢年过节要走走亲戚，拜望拜望。平时亲戚之间有困难要相互帮帮忙。

（4）兄弟姐妹之间要相互谦让，彼此爱护；长爱幼，幼尊长，情同手足，共同创造温馨祥和的家。

（5）老吾老，以及人之老。对社会上的老人，要尽到晚辈的礼数。

（6）如果不和父母住在一起，不仅应该常回家看看，也要坚持每天给父母打电话问安。

（7）常回家看看父母，让父母高兴高兴！对许多父母还健在的人来说，现在做还来得及，可千万别落下个"子欲养而亲不待"的终身遗憾。

## 课后任务

看图说话：图 6.4 告诉我们什么？

图 6.4

注：图片来源于百度文库。

## 任务三　珍惜兄弟姐妹情

（1）学会与兄弟姐妹友好相处。
（2）懂得谦让。

提起手足情，人们自然会想起兄弟姐妹，并十分珍惜这种可贵的感情。因为兄弟姐妹之间不仅有着亲密的血缘关系，还同吃一锅饭，同在一个家庭长大，彼此间你帮我扶，朝夕相处，互相了解，彼此信任。甚至有的弟妹还是依靠哥哥姐姐的抚养和扶助长大成人的。

尽管兄弟姐妹之间处于平等的对应关系，但在交往中，也要真心诚意、彼此厚待，掌握彼此之间相处的方式方法。

在家里，假如你是哥哥姐姐，那就应该时时刻刻以身作则，努力成为父母的得力助手，多干家务活，遇事要宽宏大量，不要与弟弟妹妹斤斤计较，更不要以为他们比自己小就随意指挥他们干活。当弟弟妹妹求教或请求帮忙时，应耐心帮助和解答，不要不耐烦。弟弟妹妹有错时，不要在父母或他人面前斥责他们，以免伤害他们的自尊心。更不能经常在父母面前指责，而引起他们的反感。万一与弟弟妹妹发生争吵，应当着弟弟妹妹的面，在父母面前做自我批评。

如果你是妹妹或者弟弟，应该怎么样与兄弟姐妹们相处呢？

现在国家实行计划生育政策，多数家庭只有一个孩子。但是独生子女的堂兄弟姐妹、表兄弟姐妹还是不少的。不论是亲兄弟姐妹还是堂（表）兄弟姐妹，都要相互尊重、关心、谅解、帮助、谦让，长爱幼，幼尊长，彼此爱护，不争不吵，情同手足，共同创造温馨祥和的家。家庭能否愉快和幸福，兄弟姐妹是否和睦相处起着重要作用。在生活中，兄弟姐妹都是差不多的同龄人，朝夕相处，要做到处处符合礼仪，也并不是一件容易的事。

 温馨提示

（1）尊重各自的隐私，不干涉各自的社会关系。
（2）在感情上予以支持，将其作为自己的一个朋友。
（3）愿意当其参谋，愿意听取和征求意见。
（4）不要妒忌，共同分享成功的喜悦。
（5）经常通电话或书信往来，保持经常接触。
（6）维护其利益，即使他不在，也不要自充对方的庇护者。
（7）兄弟姐妹一起与父母多团聚，享受大家庭的快乐。

 反思

学习《孔融让梨》，谈谈自己的感想。

## 任务四　建立友善的邻里情

目标

学会与邻居们友好相处。

远水难救近火，远亲不如近邻<br>邻里好，赛金宝<br>金相邻，银亲眷

远亲不如近邻，近邻胜过亲人

邻里关系是一种没有血缘、姻缘而又聚居于较小范围或地域内的人们之间的一种家庭与家庭的关系。

居住礼仪通常是指一个人作为居民所应遵循的文明规范。居住礼仪的核心是互敬、互信、互助、互谅，邻里和睦相处。融洽的邻里关系，不仅是社会团结安定的因素，也为自己创造了便利的条件。

人在社会上生活，都有左邻右舍。搞好邻里关系，既能增加相互间的友谊，又有利于各自的家庭生活。因此，要与邻里和睦相处，形成一种互敬、互信、互助、互让、互谅的新型邻里关系。

## 一、邻里相处的原则

搞好邻里的关系，要做好邻里相处的几个基本原则：

### 1. 尊重邻里

（1）帮助解决困难。

（2）主动探望。

（3）热情祝贺。

（4）不东游西窜，说东家长西家短，揭别人隐私。

### 2. 互相谅解谦让

（1）避免夜晚发生噪音。

（2）垃圾避免往下丢。

（3）注意环境卫生。

（4）语气和蔼、无伤和气。

（5）逢年过节互相拜访。

## 二、邻里相处的禁忌

（1）各扫门前雪。

（2）无端猜疑。

（3）心眼小、私心重。

（4）自以为常有理。

### 温馨提示

远亲不如近邻，与邻居处好关系要相互尊重，以坦诚的心态经营邻里关系，不要斤斤计较伤和气，要大度。

 **反思**

说说你是怎样与邻里相处的？

_____
_____
_____
_____
_____

## 任务五　筹备愉快的家庭聚会

 **目标**

（1）学习家庭聚会的基本礼仪。
（2）学会在家庭聚会中规范自己的行为。

当今，随着人们生活和居住条件的不断改善，家庭组织的小型社交活动越来越多，家庭聚会礼仪也愈加重要。组织这类活动，既可娱乐身心，也可增进亲友感情。家庭聚会虽不像大团体的聚会那样有许多的程序和仪式，但也应将礼仪考虑周全。

（1）确定参加聚会的人数。
（2）准备应充分。

不同的聚会形式准备的内容不同，如在家里搞小的招待晚会，应准备好招待客人用的糖果、食品，进行娱乐活动的器材。此外，如有人提出，为增加晚会的气氛，用蜡烛代替电灯照明，就应事先备好蜡烛。

在家庭交往中，我们要多去组织操办，培养和锻炼自己的能力。组织家庭聚会应善始善终，一般来说，活动应在最高潮要过还未过的时候结束，亲友们才会兴致勃勃，由此，留下新的期待。

 **开阔视野**

**中国传统：**宾客到时，互致问候，引入客厅小坐，敬以茶点。客齐后导客入席，以左为上，视为首席，相对首座为二座，首座之下为三座，二座之下为四座。客人坐定，由主人敬酒让菜，客人以礼相谢。席间斟酒上菜也有一定的讲究：应先敬长者和主宾，最后才是主人。宴饮结束，引导客人入客厅小坐，上茶，直到辞别。

现代：较为流行的中餐宴饮礼仪是在继续传统与参考国外礼仪的基础上发展而来的。其座次借西方宴会以右为上的法则，第一主宾就座于主人右侧，第二主宾在主人左侧或第一主宾右侧，变通处理。斟酒上菜由宾客右侧进行，先主宾，后主人，先女宾，后男宾。酒斟八分，不可过满。上菜顺序依然保持传统，先冷后热。热菜应从主宾对面席位的左侧上；上单份菜或配菜席点和小吃先宾后主，上全鸡、全鸭、全鱼等整形菜，不能头尾朝向正主位。

## 课后任务

你觉得在家庭聚会中还需要注意哪些礼仪？

# 单元七

## 用餐礼仪

在宴席上最让人开胃的是主人的礼仪。

——莎士比亚

礼貌周全不花钱,却比什么都值钱。

——塞万提斯

静以修身,俭以养德。

——诸葛亮

# 任务一　掌握中餐用餐礼仪

## 目标

（1）掌握中餐用餐礼仪的基本要求。
（2）掌握中餐礼仪的具体内容。
（3）培养正确的中餐礼仪和用餐习惯。

中餐宴会礼仪是指具有中国传统民族风格，中国人遵守的饮食习惯和礼仪规范。在日常社交生活中，为了使自己的举止形象符合礼仪，在宴会中一定要注意各个方面的细节。

## 一、桌次和座次的安排

### （一）桌次的安排

在中餐礼仪中，桌次地位的高低以距主桌位置的远近而定。一般来说，以主人的桌为基准，遵守右高、左低、近高、远低的原则。

中餐宴会上的主桌有两种：一种是长方形横摆桌，主宾的位置应面向众席而坐；另一种是大圆桌（见图7.1），圆桌中间设花坛或围桌，主宾围桌而坐。

主桌的座位应摆放名签。中餐宴会多使用圆桌，如果是多桌中餐，则桌次一般以居中或最前面的桌子为主桌。

图7.1

### （二）座次的安排

座次的安排是饮食礼仪中非常重要的一部分。一般情况下，首先应以主人的座位为中心，如果女主人参加时，则以主人和女主人为基础，近高远低，右上左下，依次排列。其次，通常要把主宾安排在最尊贵的位置，即主人的右手位置，主宾夫人安排在女主人的右手位置。最后，主人方面的陪客要尽可能与客人互相交叉，便于交谈交流，避免自己人坐在一起，冷落客人。如果碰上外宾，翻译一般都安排在主宾右侧。

## 二、餐具的使用

1. 筷子的使用礼仪

筷子在古时又称为"箸"。人们在日常生活当中，人们对筷子的运用非常有讲究。在使用筷子时，正确的使用方法见图7.2：右手执筷，大拇指和食指捏住筷子的上端，另外三个手指自然弯曲扶住筷子，并且筷子的两端一定要对齐。在使用过程当中，用餐前筷子一定要整齐码放在饭碗的右侧，用餐后则一定要整齐的竖向码放在饭碗的正中。

等待用餐时，应注意不能用筷子敲打桌边、碗盏或杯子。使用筷子夹菜时不要在菜肴里上下乱翻，不要用筷子穿刺菜肴，遇到别的宾客也来夹菜时要注意避让，避免"筷子打架"；不要将筷子含在嘴里或把筷子当牙签使用。在进餐过程中进行交谈，不能把筷子当道具，指点别人。餐毕，筷子应整齐地搁在靠碗右边的桌子上并应等众人放下筷子后，在主人示意散席时方可离座。

图7.2

### 2. 匙的使用礼仪

匙又称勺子。在用中餐时，主要用于舀取菜肴、食物，尤其是流质的羹、汤。有时，用筷子取食时，可以用勺子加以辅助。

用勺子取食时，不宜过满，免得溢出来弄脏餐桌或自己的衣服。必要时，可在舀取食物后，在原处"暂停"片刻，待汤汁不再流时，再移向自己享用。

### 3. 碗的使用礼仪

在中餐里，碗主要是盛放主食、汤羹。在正式场合用餐时，吃饭的时候应注意，不论主客，都应该用手平端碗，不能伏在桌上就着碗吃；食用碗内盛放的食物时，应以筷、匙加以辅助，不可直接将其倒入口中，更不能用舌头伸进去乱舔，暂且不用的碗内不宜乱扔东西；不能把碗倒扣过来放在餐桌之上，等等。

### 4. 盘的使用礼仪

盘又称为盘子。稍小一些的盘子，则被称为碟子。在中餐中盘子主要用以盛放食物，其使用方法的讲究，与碗略同。盘子在餐桌上一般要保持原位，不要搬动，而且不宜多个摞放在一起。

### 5. 牙签的使用礼仪

正式宴会中，不宜当众使用牙签，更不能用手指甲剔牙缝里的食物。如果有必要用牙签时，可以直接到洗手间去除掉。在餐桌上必须要用牙签时，最好以手掩口轻轻剔牙，边说话边剔牙或边吃边剔牙都不雅观。

 **案例7.1**

张×的好朋友今天从国外回来，张×很热情地邀请好友来家中吃饭，用餐期间张×不顾好友夫妇的一再推托，非常热情地为好友夫妇夹菜，表现出对好友的热情欢迎。而张×自己在吃骨头的时候突然有肉渣钻进了牙缝，于是，张×拿起桌上的牙签，不顾其他人的感受，直接当众剔牙，还将剔出的肉渣放在了桌上。

想一想：张洪的表现是否符合礼仪规范，他应该怎样做才正确？

### 三、用餐礼仪

一般来说，在我们平时的用餐过程中应注意以下一些礼仪规范，做到文明用餐。

（1）让长辈先动碗筷用餐，不顾长辈在场就率先动筷或者抢在长辈前面动筷都是不礼貌的行为。

（2）吃饭时，要用手端起碗，不端碗或者伏在桌子上对着碗吃饭，这样不但吃相不雅，而且压迫胃部，影响消化。

（3）夹菜时，应从靠近自己的盘子或面对自己的盘边夹起，不要从盘子中间或靠近别人一边夹起，更不能用筷子在菜盘上翻来倒去，眼睛不要老是盯着菜盘子，一次夹菜不宜过多。遇到自己爱吃的菜，不能干脆把盘子端到自己跟前，大吃特吃，要顾及同桌的感受，如果盘中的菜已不多，你又想把它"打扫"干净，应征询一下同桌的意见。如果别人都表示不吃了，你才可以把它吃光。

（4）要闭嘴咀嚼，细嚼慢咽，这不仅有利于消化，也是餐桌上的礼仪要求。决不能张开大嘴，大块往嘴里塞，狼吞虎咽的，更不能在夹起饭菜时，伸长脖子，张开大嘴，伸着舌头用嘴去接菜，一次不要放太多的食物进口，不然会给人留下一副馋相和贪婪的印象。

（5）用餐的动作要文雅一些。夹菜时，不要碰到邻座，不要把盘里的菜拨到桌子上，不要把汤泼翻，不要将菜汤滴在桌子上。

（6）在吃饭过程中，要尽量自己添饭，并能主动给长辈添饭、夹菜。遇到长辈给自己添饭、夹菜时，要道谢。

（1）中餐宴请中应如何安排桌次和座次？
_____
_____

（2）假如你需要赴宴，应该注意些什么？
_____
_____
_____
_____

## 任务二　掌握西餐用餐礼仪

### 目标

（1）掌握西餐中各餐具的使用方法。

（2）掌握西餐礼仪的具体内容。

（3）学会正确的西餐用餐礼仪。

## 一、西餐的菜序

西餐在菜单的安排上与中餐有很大的不同。西餐宴会上菜品一般只有6～7道，但是每道一般只有一种（见图7.3）。

### 1. 开胃菜

开胃菜也称为开胃品，一般有冷盘和热盘之分。常见的品种有鱼子酱、鹅肝酱、熏鲑鱼、鸡尾杯等。

### 2. 汤

汤大致可分为清汤、蔬菜汤、奶油汤和冷汤等四类，主要品种有牛尾清汤、海鲜汤、各式奶油汤、意式蔬菜汤等。

### 3. 副菜

西餐中的副菜通常有水产类菜肴、蛋类、面包类和酥盒菜肴。西餐吃鱼类佳肴讲究实用专用的调味汁，调味汁一般有酒店汁、荷兰汁、白奶油汁和水手鱼汁等。

图7.3

### 4. 主菜

主菜主要指肉、禽类佳肴。其中最有代表性的是牛排和牛肉。肉类菜肴搭配用的调味剂主要有浓烧汁精、西班牙汁、蘑菇汁、白尼丝汁等。禽类佳肴的原料取自鸡、鸭、鹅；禽类菜肴最多的是鸡，可煮、炸、烤、焗，主要的调味汁有咖喱汁、奶油汁等。

### 5. 蔬菜类菜肴

蔬菜类菜肴可以安排在肉类佳肴之后，也可以与肉类菜肴同时上桌。蔬菜类菜肴在西餐中称为沙拉。与主菜同时搭配的沙拉，称为生蔬菜沙拉。一般用生菜、番茄、黄瓜、芦笋等制作。还有一类是用鱼、肉、蛋类制作的，一般不加味汁。

### 6. 甜品（见图7.4）

西餐的甜品是主菜后食用的，可以算作第六道菜。从真正意义上讲，甜品包括所有主菜后的食物，如冰淇淋、奶酪、布丁、水果等。

图7.4

### 7. 热饮

西餐中的热饮有红茶或咖啡，可帮助消化。

在吃西餐的过程中应注意，没有必要将所有的种类全部都点，点太多吃不完反而失礼。稍有水准的餐厅都欢迎只点前菜的客人。前菜、主菜加甜点是最恰当的组合。点菜并不是有前菜开始点，而是先选一样最想吃的主菜，再配上适合主菜的汤。

## 二、座位的安排

西餐的位置排列与中餐有相当大的区别，中餐多使用圆桌，而西餐一般都使用长桌。如果男女二人同去餐厅，男士应请女士坐在自己的右边，还得注意不可让她坐在人来人往的过道边。若只有一个靠墙的位置，应请女士就座，男士坐在她的对面。如果是两对夫妻就餐，夫人们应坐在靠墙的位置上，先生则坐在各自夫人的对面。如果是两位男士陪同一位女士进餐，女士应坐在两位男士的中间。如果两位同性进餐，那么靠墙的位置应让给其中的年长者。西餐中还应注意，每个人入座或离座，均应从座椅的左侧进出。举行正式宴会时，坐席排列按国际惯例，桌次的高低依距离主桌位置的远近而右高左低。桌次多时应摆上桌次牌。同一桌上席位的高低也是依距离主人座位的远近而定。西方习俗是男女交叉安排，即使是夫妻也是如此。

## 三、餐具的使用

### （一）使用餐具的方法

（1）进餐时，餐盘在中间，刀子和勺子应放置在盘子的右边，叉子放在左边。一般右手写字的人，饮用西餐时，很自然地用右手拿刀或勺，左手拿叉，杯子也用右手来端。

（2）在桌子上摆放刀叉，一般最多不能超过三副。三道菜以上的套餐，必须在摆放的刀叉用完后随菜再放置新的刀叉。

（3）刀叉是从外侧向里侧按顺序使用。

（4）进餐时，一般都是左右手相互配合，即一刀一叉成双成对使用的。但是在喝汤时，则只是把勺子放在右边。

（5）刀叉有不同规格，要按照用途不同而决定其尺寸的大小。吃肉时，不管是否要用刀切，都要使用大号的刀。吃沙拉、甜食或一些开胃小菜时，要用中号刀。叉或勺一般随刀的大小而变。喝汤时，要用大号勺；而喝咖啡和吃冰淇淋时，则用小号勺。

（6）在吃西餐中要注意忌讳用自己的餐具为他人布菜。

（7）在吃西餐的过程中，手里拿着刀叉切勿指手画脚。发言或交谈时，应将刀叉放在盘子上才合乎礼仪。这是对旁边人的一种尊重。

（8）叉子和勺子可以入口，但刀子不能放入口中。不管它上面是否有食物，除了礼节上的要求，刀子入口也是很危险的。

案例7.2

张×在一家外企做总经理秘书工作，中午要陪同总经理到西餐厅宴请公司的客户陈总。张婷到餐厅入座后，摊开餐巾别在衣服领口上，然后躺靠在椅背上叫服务员拿菜谱点菜。

服务员将汤端上来,由于刚上的汤比较烫,张婷在喝汤时,为了加快汤的冷却,她边用汤匙搅和着热汤,一边用手在汤碗上方不停地扇动。不一会儿,服务员递上了牛排,她右手拿刀,左手拿叉,将牛排全部切成小块,然后用叉子一块块地送入口中。

突然,她的手机响了,她顺手将餐巾放在桌旁,大声地边接电话边往门外走去……

议一议:学生讨论分析此案例中张×有哪些失礼之处,教师补充点评。

## (二)西餐中刀叉摆放的含义

在西餐时,刀叉的摆放也是有含义的,用餐意愿均可通过刀叉的摆放来传达。

(1)盘子没空,如你还想继续用餐,把刀叉分开放,大约呈三角形,表示我还没用完餐,那么服务员就不会把你的盘收走。

(2)可以将刀叉平行放在餐盘的同一侧,表示我已经用完餐。这时,即便你盘里还有东西,服务员也会明白你的意思,会在适当的时候把盘子收走。

(3)在准许添加饭菜的宴会上或在食用有可能添加的那道菜时,可以把刀叉分开放,大约呈八字形,那么服务员会再给你添加饭菜。

## 四、调味品的使用

### 1. 酱料

在吃西餐的过程中,用各种酱料时,要先用汤匙将其盛入盘子里,然后用叉子叉肉抹油食用。液体酱汁如薄荷、樱桃或杏鸭酱,要直接浇在肉上面。最好少浇些,才不会影响肉的整体味道。吃蛋卷和饼干用的果胶、果酱和蜜饯要用汤匙舀在黄油盘子的一边,然后用刀平抹在面包或蛋卷小块上。如果没有汤匙,用刀取果胶前,先在盘子边上擦一擦。吃咖喱菜时,可把花生、椰子、酸辣酱等调料放在盘子里混合后配咖喱食用。酸辣酱也可以作为配菜吃,不用混合。

### 2. 盐和胡椒粉

先品尝食物,后加盐和胡椒粉。先放盐或胡椒粉是对厨师长不礼貌的表现。如果桌上有盐罐,就使用里面的盐匙;如果没有,就用干净的刀尖取用。蘸过盐的食物要放在自己的黄油盘里或餐盘里的一边。如果为你提供一个专人盐罐,你可以用手捏取。

### 3. 色拉

按照传统,色拉要用叉子来吃,但是如果色拉的块太大,则应切开以免从叉子上掉下来。当色拉作为主食吃的时候,不要把它放在餐盘里,而要放在自己的黄油盘里,靠在主盘旁。通常用一块面包或蛋卷把叉子上的色拉推在盘子里。

### 4. 黄油

往面包、蛋卷、饼干或土司上抹黄油时要用刀,而且小块面包只能抹少量的黄油。不要往蔬菜上抹黄油,因为这被认为是对厨师的污辱。

## 五、酒类礼仪

### (一)葡萄酒

葡萄酒是西方人常用的佐餐饮料,所以一般都是先点菜,再根据菜的需要点酒。按照通常的惯例，在开瓶前，应先让客人阅读酒标，确认该酒在种类、年份等方面与所点的是否一致，再看瓶盖封口处有无漏酒痕迹，酒标是否干净，然后开瓶。开瓶取出软木塞，让客人看看软木塞是否潮湿，若潮湿则证明该瓶酒采用了较为合理的保存方式，否则很可能会因保存不当而变质。客人还可以闻闻软木塞有无异味，或进行试喝，以进一步确认酒的品质。在确定无误后，才可以正式倒酒。

服务员会倒一些酒在客人的酒杯里。客人可以依照试酒三部曲，先看后闻再品尝。在试酒时，除非酒有明显的变质，否则不可任意要求换酒，更不可以"这个味道我不喜欢"为由要求换酒。

如果你不想再喝酒而服务员还想继续为你斟酒的话，你只需要轻摇杯沿或掩杯即可。

### (二) 饮酒小细节

（1）一般的服务员会按顺序倒酒，侍者来倒酒时，不要动手去拿酒杯，而应把酒杯放在桌上由侍者来倒。如果不想让服务员为你倒酒，那么就用指尖碰一下酒杯的边缘，以示不再需要。

（2）为避免手的温度使酒温升高，正确的握杯姿势是用三根手指轻握杯脚，即用大拇指、中指和食指握住杯脚，小指放在杯子的底台固定。

（3）喝酒时绝对不能吸着喝，应该倾斜酒杯，就像是将酒放在舌头上似的喝。轻轻摇动酒杯让酒与空气，接触以增加酒味的醇香，但注意不要猛烈摇晃杯子。

（4）没有敬酒时一饮而尽，或是边喝酒边透过酒杯看人、拿着酒杯边说话边喝酒、将口红印在酒杯沿上等，都是失礼的行为。

### 课后任务

分小组收集餐饮礼仪中的小故事和案例，并对案例进行分析，在下次课中，跟全班同学分享。

# 单元八

## 职场礼仪

博学于文，约之以礼。

——孔子

立志不坚，终不济事。

——朱熹

能够把自己吃的苦，当做对自己的磨练，这说明你已经准备好，为自己的梦想去拼搏了。

——唐宁

# 任务一　学习规范的职场着装礼仪

目标

（1）了解职业着装的基本原则。
（2）掌握男女职业装的穿着礼仪与禁忌。
（3）懂得服饰风格与色彩搭配。

古人说"人靠衣妆马靠鞍"，就是强调着装的重要性。认识环境的产物，人的着装当然也应根据不同的环境进行适当的搭配。着装是否合适，不仅能反映一个人品味的高低及其社会生活、文化水平和气质修养，而且还能反映一个人的自尊自信，以及是否尊重与自己接触的人。一个自尊自信，又尊重他人的人，当然能获得更多的信任和尊重。同时，良好、规范的职业着装可以树立企业的良好形象、提高企业的凝聚力、规范员工的行为，是规范企业工作的一个重要内容，印证了我们上班的精神面貌。

## 一、女性职业装规定（见表8.1）

表8.1

| 类别 | 标准着装 | 不宜着装 |
| --- | --- | --- |
| 上装 | 有领衬衣（夏）西服（冬） | 忌露、忌透，禁穿低胸衫、无袖无领上衣、运动服、T恤 |
| 下装 | 深黑色过膝西裙或西裤 | 忌短，禁穿超短裙、超短裤、牛仔裤、五分裤 |
| 套装裙 | 简约式，中性颜色 | |
| 发型 | 不得披发，染发限黑色 | |
| 配饰 | 不宜过多 | |
| 鞋 | 高跟鞋 | 拖鞋、运动鞋、布鞋 |

## 二、男性职业装规定（见表8.2）

表8.2

| 类别 | 标准着装 | 不宜着装 |
| --- | --- | --- |
| 上装 | 有领衬衣（夏）西服（冬） | 运动服、T恤、背心 |
| 下装 | 深黑色西裤 | 禁穿牛仔裤、短裤 |

附表 8.2

| 类别 | 标准着装 | 不宜着装 |
|---|---|---|
| 发型 | 发梢不过耳，染发限黑色 | |
| 鞋 | 传统黑皮鞋 | 拖鞋、运动鞋、布鞋、凉鞋 |

### 三、正式场合的着装规范

正式场合一般指庆典仪式、商务会谈、正式宴请、会见外宾等，这类正式场合一般对服饰的要求很严格。必须穿着颜色素雅的套装，以深色、单色最为适宜。

1. 男士西装的穿着规范

西装既有单间上装和套装之分，又有两件套和三件套之分（见图 8.1）。

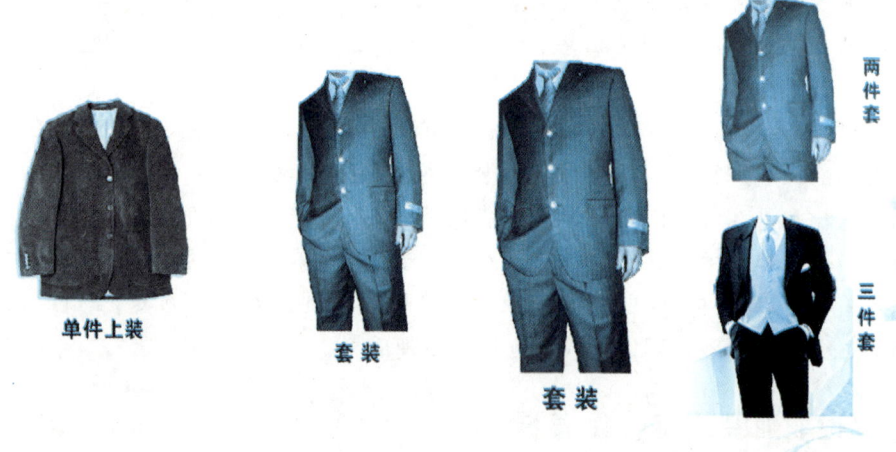

图 8.1

温性提示：如果是三件套的西装，在很正式的场合，不可脱下外衣。

西装的纽扣除实用功能外，还有很重要的装饰作用。西装有单排扣和双排扣之分（见图 8.2）。

图 8.2

单排扣又有单粒扣、双粒扣、三粒扣之分（见图 8.3）。

图 8.3

在正式场合,要求将单粒扣、双粒扣的第一粒扣子扣上(见图 8.4)。

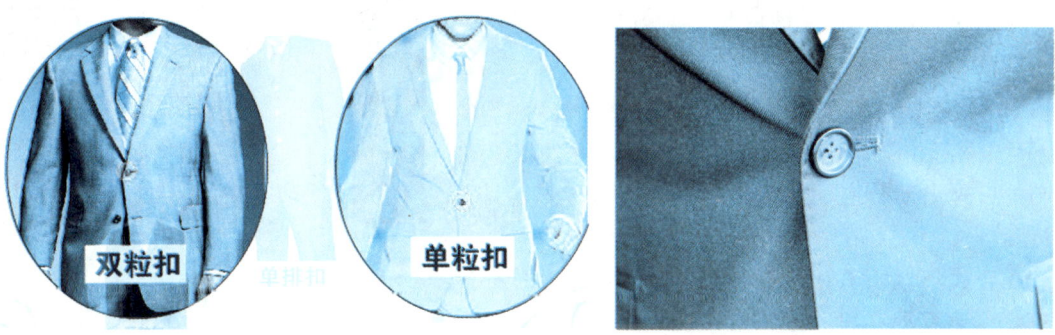

图 8.4

三粒扣的,扣上面两粒,或只扣中间一粒(见图 8.5)。

图 8.5

如果穿三件套西装,应扣好马甲上所有的扣子,外套上的扣子则不用扣(见图8.6)。

图8.6

西裤作为西服整体的另一个主题部分,其立档的长度以裤带的鼻子正好通过胯骨上边为宜,裤腰大小以合扣后伸入一手掌为标准,裤长以裤脚接脚背最为适合。

穿西服,衬衫是一个重点,颇有讲究。一般来说,与西服配套的衬衫必须整洁无皱褶,尤其是领口。西装穿好后,衬衫领应高出西装领口1~2厘米,白领露出部分与袖口露出部分应呼应,从而有一种匀称感(见图8.7)。

图8.7

在正式场合,不管是否与西装合穿,长袖衬衫的下摆必须塞在西裤里,袖口必须扣上,不可翻起(见图8.8)。

图8.8

领带是西装的重要饰品，在西装的穿着中有着画龙点睛的作用（见图8.9）。

在正式或非正式场合，都应系扎领带。领带的扎法一般见图8.10：扣好衬衣衣领后，将领带套在衣领外，然后将宽的一片稍稍压在领角下，抽拉另一端，领带就自然夹在衣领中间，而不必把领子翻立起来。

图8.9

图8.10

### 2. 女性套裙的着装规范

女性穿套裙既不可像穿时装一样赶新潮，又不能穿得粗俗乏味，而体现不出女性温柔、妩媚、优雅、轻盈的特性。

因此，要注意套裙的色彩搭配，只有搭配好才能穿出不俗的效果。

一般在正式或非正式场合，为表明职业女性对工作的严谨和认真，套裙多整套穿；在休闲场合，则较为随便，套裙可与其他服装搭配起来穿。

要注意利用套装的修饰美化作用"扬长避短"，如可以利用裙装的上短下长，掩盖腿部粗短的缺陷。

### 3. 鞋、袜的穿着礼仪

在正式或非正式场合，男性一般穿着没有花纹的黑色平跟皮鞋，女性一般穿着黑色半高跟鞋。皮鞋的颜色、款式应与衣服、手包相配套。一般的，鞋的颜色应与衣服的下摆一致或更深一些。衣服从下摆开始到鞋的颜色一致，可以使人显得高一些。

在礼仪场合，决不能赤足穿鞋。在正式或非正式场合，男性应穿着颜色素净的中长筒袜子，这样避免坐下谈话时，露出皮肤或浓重的腿毛。袜子颜色以单色深沉最好，带条纹、方格图案，而图案又不显眼的也可以，但色调应比裤子深一些，以使它在裤子和鞋之间呈现一种过渡色。女性穿着肉色长筒丝袜，配长裙、旗袍最得体。

### 四、服装穿戴的方法

在服装的穿戴上可以用下述五种方法使色彩变化达到不同的效果。

#### 1．统一法

上下衣、鞋子、帽子，采用一个色调，这种配色法，往往产生一种和谐的效果。

#### 2．点缀法

点缀法即在统一完美的主色调，包括主色陪衬的基础上，加上非常醒目的小块色做点缀，使之起到画龙点睛的作用。

#### 3．对比法

对比法也叫衬托法，即通过色彩的相互对比或衬托，来增强服装的美感。它强调的就是对比或衬托的魅力。

#### 4．呼应法

呼应法就是同种色、类似色的彼此照应。

#### 5．衔接法

这种方法的要点是：上对比色，通过一种中性色，如黑、白、金银等色的韵泽，使人产生色彩衔接的感觉。

（1）公共场合的基本要求：注重保守、庄重规范、适宜套装、套裙、制服、不宜时装、便装。

（2）社交场合的基本要求：时尚个性、适宜礼服、时装、民族服装、不宜制服、套装。

（3）休闲场合的基本要求：舒适自然、放松随便、适宜运动装、牛仔装、不宜制服、套装、套裙。

### 五、饰物

#### 1．饰品搭配看服装

要根据服装原有状态进行饰品的选择和搭配。

（1）服装本身可以分为裸装和带有本衣饰品的服装。

（2）饰品包括鞋、包、首饰、手表、眼镜、丝巾、腰带、手套、胸花、袖扣、领带、领结、袋巾、帽子等，大体可以分为贴衣饰品和旁衣饰品两类。贴衣饰品是指饰品在佩戴时与服装产生层叠效果的饰品，旁衣饰品是指饰品在佩戴时只会与肌肤产生层叠效果的饰品。

（3）裸装时最好搭配饰品，可以搭配任何饰品。贴衣饰品或旁衣饰品，能让整身装扮更有动感，让服装显得更有品质感，让穿着的人显得更年轻，更有活力。

（4）当我们穿着带有本衣饰品的服装时，最好搭配旁衣饰品或者不加饰品。

（5）穿职业装时最宜佩戴珍珠或做工精良的黄金白金首饰，穿晚装时可戴宝石或钻石首饰，穿休闲装时可佩戴个性化或民族风格的首饰。颈饰最配的服装是V字领的，其次是比较大的圆领，最后是合身的高领。

### 2. 饰品的佩带应结合自身的气质

（1）肤色红艳的人，可选用浅绿、墨绿等色的珠宝首饰，以衬托出活力。

（2）黑肤色的人饰用茶晶、黄玉等中间色调的宝石，可起到淡化皮肤的良好作用。

（3）肤色较白的人，可选择带宝石的金属首饰、珠首饰以及贝类雕刻首饰，这些首饰与洁白的肤色相配，有文静秀美之感。

（4）肤色蜡黄的人，选择白金首饰、白银首饰、象牙首饰是很恰当的，它们能增添使用者的优雅姿色；其中若选择绿色宝石的首饰，或者彩球首饰，也很有气质。

（5）肤色蜡黄的人，宜选择红色橙色一类的首饰，用热烈的色彩来增进佩戴者的血气，以减少病态感。

### 3. 饰品的款式应结合自身的气质及服装风格

（1）优雅型首饰：富于曲线美，有易碎感，如小花排列的手链、精雕细刻的戒指等等，适合线条圆润、气质优柔文雅、极富女人味的人。

（2）古典型首饰：正统、精致、高贵，适合面部端正、气质高雅的都市女性型的人。

（3）自然型首饰：粗犷、自然，多用树叶等形状做别针、坠子造型，适合身材高挑、具运动员风格的人。

（4）戏剧型首饰：大胆、夸张、有个性，适合身材高大、脸部棱角明显、走到哪儿都引人注目的人。

（5）前卫型首饰：造型小巧、新奇、别出心裁，极具个性，适合小巧玲珑、活泼好动、有俏皮少女或男孩儿气质的人。

（6）浪漫型首饰：多采用蝴蝶结、花瓣、花心型造型，线条流畅柔美。适合身材适中、圆润、性感、有着洋娃娃般迷人双眼的人。

## 课后反思

自己在穿着、打扮中出现的问题？

_____
_____
_____

# 任务二　了解严肃的求职礼仪

## 目标

（1）学习求职过程中要注意的礼仪的具体内容、行为规范和注意事项。

（2）了解在求职面试过程中的心理、行为等素质，养成良好的文明礼貌习惯，提高自身修养。

(3) 懂得招聘单位以及单位相关领导、办公室同事之间的交往能力。

(4) 掌握撰写求职信的技能。

在今天，求职竞争日趋激烈，用人单位的求才标准也不断提高，对求职者提出了更高的要求。美国职业学家罗尔斯曾说："求职成功是一门高深的学问。"心理学家奥里·欧文也说："大多数公司录用的是有礼节的人，而不是最能干的人。"求职应聘者除了要具备良好的专业素养外，掌握一些求职面试的礼仪规范和技巧更是非常必要的，有时这些礼仪形式甚至会起到举足轻重的作用。

## 一、求职前的准备

### 1. 认识自我

认识自我，准确定位，正确地判断出自己究竟适合哪种工作，从而使自身情况与职业要求结合起来，实现个人与职业的最佳匹配。因此，全面解析自己时，需要从以下四个方面着手进行。

一是客观认知自己的知识和能力结构，分析评价自己所学的专业、知识与能力。

二是客观了解自己的气质和性格来判断适合什么样的工作。

三是明白了解自己的爱好与兴趣，从而了解自己的职业兴趣和职业倾向。

四是分析了解自己的身体状况。这样，才能从生理角度来判断自己比较适合从事哪种职业。

可见，定位自我就是清楚了解自己是什么样的人、自己想干什么以及能干什么的过程，最终对自己有一个清晰的印象，方便在求职择业时做到有的放矢、成竹在胸。

### 2. 写求职信

一封好的求职信是帮我们打开招聘单位大门的钥匙。

(1) 格式正确，美观布局：求职信的格式是否规范，能表现出一个人的气质风格和文化素养。

(2) 内容具体，突出主题：要突出招聘单位所需要的内容，客观展现事实，避免夸夸其谈，漫天胡侃。

(3) 字迹清晰，书写正确：错别字、错用标点符号不要在求职信中出现，这很容易给人粗心、马虎、素质不高的印象。

(4) 内容简洁，表达准确。

(5) 态度谦恭，用词恰当。

(6) 亲笔书写：在信息时代的今天，亲笔书写会让对方觉得你是特意为他所写，他就会觉得你很尊重他，从而增加成功的机会。

(7) 尽量用全称：地址、学校、专业及学科等内容要详细写清楚，不要给对方留下偷懒省事的印象。比如，将就读学校写成"商校"。

（8）关注职位，适当薪酬：在求职信中，要重点表达对工作的热爱，与择业意向的坚定，展示自己的各方面能力和素质。对于工作待遇、工资、福利待遇问题等，可以在面试时进行商议。

（9）信中用敬语：称呼对方时注意要有礼貌，要送上友好的问候，提出问题要用商量的口气，在结尾处要向对方致谢。

（10）求职信的形式设计：不要忽略与求职信有关的其他形式的细节。

（11）英文求职信：在写求职信时，请不要忘记附上一份英文求职信，不论你所应聘的职务是否有外语水平的要求，外语水平也是衡量一个人综合素质高低的一个方面。

## 求职信范文

### 求职信

尊敬的领导：

您好！

本人×××，是××学校××专业的学生，于××××年××月毕业。

在校期间，本人在学业上不断进步，全面系统地掌握了×××等理论，具有独立分析问题、解决问题的能力。在学好专业课的同时，自身一贯注重英语与计算机能力的锻炼培养，通过了全国计算机二级水平考试，有较强的上机操作能力，能熟练运用Office、VFP进行业务处理。顺应时代发展，本人英语达到较高读、写、听、说水平，能熟练阅读各类文章，口语表达流利，顺利通过英语××级考试。

本人积极参加社会实践活动，达到学以致用的目的。在校组织的×××房地产开发公司的实践活动中，独立设计问卷，深入社会，对市场信息进行大量、周密的调查，努力投入每一步骤，每一细节中。在实践中锻炼自己，成绩显著，受到该公司的一致好评。

在学校浓郁的学习氛围中，在母校飞速发展的今天，本人圆满完成学业，使自己成为一个知识面广、能力突出的优秀毕业生，接受国家和社会的挑选。敬请贵单位领导对我诚恳的求职行为给予充分理解和支持，在翔实调查、考核的基础上，做出您最满意抉择！

此致

敬礼

求职人：××<br>××××年××月××日

注意事项：

（1）真实客观。

（2）突出重点。

（3）篇幅简短。

（4）文面整洁。

 案例8.1

身为某大型企业总经理的胡先生，提起8年前的第一次面试，让他记忆犹新。

当时的就业压力并不大，但胡先生还是早早地做好了充足的面试准备。无论是求职信、个人简历，还是自己的着装，都请教过很多人，可以说是很完美。而且，他事先也做了充分的心理调适，所以心态上也很放松。面试的时候，无论是说自己的经历，还是谈技术，从主考官的表情来看，对他还是非常满意的。20分钟的面试就要接近尾声了。主考官突然问："胡先生，我看您事先做了很充分的准备，说明你对我们公司和这份工作很重视。那你知道我们公司是干什么的吗？""干什么的？"胡先生一下子就懵了，对呀，干什么的我还真没注意过！半晌，胡先生一脸尴尬地说："对不起，这一点我还没来得及进行足够的关注……"主考官手一挥："好了，胡先生，你可以走了。"

通过案例我们能发现什么？

## 二、面试

一位有经验的主考官说："面试的成败是在面试前决定的。面试是在一个非常有限的时空中展示自己最优秀的方面。面试对我们非常重要，所以要求我们充分把握面试中的每一个细节因素为自己创造机会。

你可以对每个设想的问题做出简要的书面回答，然后记住它们，在被问到相应的问题时才能应对自如，思路才会清晰，才会有备无患。

在面试中经常会问道：

（1）以前你都干过些什么工作？为什么放弃了？

（2）你为什么要选择进入这个工作领域？

（3）你认为个人事业的成败是由什么决定的？

（4）你喜欢什么样的领导？

（5）你喜欢与别人一起工作还是自己独立工作？

（6）你愿意到大单位还是小单位工作？

（7）你对当前我们这个行业的状况有什么看法？

（8）你做过哪些能表现你的独创性和意志力的工作？

（9）你认为你所选择的工作领域有什么？

除此之外，在面试中，不失时机地提出一两个问题，反而能够显示出你的成熟度和积极思考的态度。所以在面试前，需要做好充足的准备。

1. 面试前的准备

面试的前一天要到招聘现场做一下考察，包括前往的线路，路上所需要的时间，以免面试当天急急忙忙，慌慌张张。

在准备个人简历的同时，还要准备自荐书；带齐准备好的各种资料和证书（毕业文凭、奖励证书、英语水平证书、培训证书、技能证书、身份证等）；科研成果证明、专利证书；出版过的著作、学术论文等；各种聘书；有社会影响力的专家的推荐信。准备好与面试场合相宜的服饰。带好擦鞋器、纸巾，女生要带化妆盒、备用丝袜；带上笔和记事本；准备足够的费用；准备比较正规的包袋。

将以上所带物品整齐有序地放在包袋中，避免在招聘人员面前，在包袋中翻来翻去，给人留下做事没有章法的印象。

形象准备很重要，要展示出自己最精神、最爽心悦目的形象。服装要符合用人单位对求职者素质的要求。

2. 面试心态准备

面试时拘谨畏缩，注定要失败。所以，在面试前尽可能地事先计划一个自信的、随和的方式。比如说，放松心情，将应聘失败看成人生财富。要面带微笑，说一声"您好"的时候，眼神要注视对方，握手的时候让对方感觉到坚定而温和。

有些人在择业前就惶惶不可终日，这是造成面试中紧张和被动的主要原因。抱着不怕择业失败的心态，将失败看成是人生必须付出的代价，不要轻易认输，将失败转换成为成功。就如拿破仑所说："人生的光荣不在于永不失败，而在于能屡败屡战。"失败后找自己的主观原因，实事求是地总结失败的原因。成功者不会总是埋怨客观，但是客观原因也不能不分析。如果是客观条件不允许也不要一味蛮干。如果在一个领域里没有找到工作，不妨换一种思维，在另一个领域里尝试一下。

3. 求职者的仪态礼仪

（1）站姿是仪态美的起点，又是发展不同动态美的基础。站姿的基本要求挺直、舒展，站得直，立得正，线条优美，精神焕发。

（2）坐姿是仪态的重要内容。良好的坐姿能够展示出求职者高雅庄重、尊重他人的良好风范，传递出求职者自信练达、端庄、文雅、得体、大方、积极热情的信息。

（3）走姿是站姿的延续动作，在站姿的基础上展示人的动态美。走路往往是最吸引人注意的体态语言，无论是在日常生活中还是在社会场合，最能表现一个人的风度和魅力。

4. 仪态礼仪注意的六个问题

在面试时，求职者的行为举止十分的重要。一般而言，求职者在行为举止要注意以下六个问题：

（1）应聘时不要结伴而行。自信心、独立性都是招聘单位对每位应聘者的基本素质要求。

（2）举止大方，显示良好的风度。

（3）不卑不亢。

（4）保持一定的距离。

（5）忌不拘小节。

（6）勿犹豫不决。

### 三、求职后的礼仪

一般面试结果要在若干天后才会有结论，求职有可以稍作等待，太性急反而不好。可以在面试时考官承诺的时间左右，写封信或打个电话询问一下是否已做出了决定。

要注意调整心情。应聘结束后，不论你对自己应聘中的感觉多么满意，或多么不满意，在没有接到面试结果之前，应聘就不能算是已经完成。应该重新调整心情，及时进行新的竞争选择，以增加成功的机会。

罗先生是做销售的。经其他人介绍去了一家大公司与HR面谈。因为罗先生没有带简历，HR和他只是进行了比较简单的交流，约定好面试之后罗先生给HR发送一份电子版的简历。可是HR等了一星期也没接到罗先生的简历，于是又给罗先生去了电话追问一下结果。罗先生立即说：

"我正准备给你发邮件呢。这几天特别忙不好意思啊。"HR还是让罗先生进入了下一轮面试，可是打罗先生的电话，总是接通了无人接听。过了两天，在HR的坚持之下才好不容易联系到了罗先生。罗先生之后见过了公司的总监也通过了复试。HR又给罗先生安排了测评和总经理面试 罗先生都非常顺利地通过了。与罗先生的沟通过程中，让HR印象最深刻的还是打罗先生的电话很难找到他。

公司与罗先生谈好了录取的事宜，罗先生提出要过2个月才能入职的要求。公司总监让HR与罗先生保持联络。过了一个月，HR打电话询问罗先生离职交接手续的办理进度，可是又联系不到罗先生了。电话打通了之后不是关机就是没有人接听。后来HR收到了罗先生的短信，说他在外地出差下午回电话。但是一天过去了HR也没接到罗先生的电话。HR把这件事情反馈给了用人部门的总监，该总监之前就遇到过类似的员工，觉得这种人说话不靠谱，于是决定不录取罗先生了。这样罗先生到手的Offer就成了泡影。

### 分析

（1）求职首先要做到守时，只有这样才能给面试官和以后的同事留下好的印象。

（2）遵守公司的安排，才能让同事放心，完成公司的任务，得到同事和领导的认可。

（3）作为员工，需要及时和公司交流，如果有特殊事情，方便公司做出更好的安排。

（4）珍惜工作，融入自己的公司及所从事的行业，把工作当事业来做，成为一个有职业道德的好员工。

## 任务三　掌握基本的社交礼仪

（1）了解与上级领导、同事交往的基本准则。
（2）熟练与上级领导、同事交往的礼仪。
（3）掌握探寻问题解决的措施和具体活动的基本思路。

### 一、上下级交往的礼仪

职场生存三分在于工作能力，七分在于为人处世之道，其中如何与上级相处更加重要。需要注意与其相处的语言和行为方式。

刚参加工作的小丽，她的顶头上司是一位穿着得体、气质高雅的女士，正是小丽向往的类型。于是不久，办公室就有了一道风景：小丽和领导的衣服很相似，连香水味都一样。甚至来访的客人也开玩笑地说她俩一定是亲姐妹。让小丽不解的是，领导慢慢对她不再有好的态度，甚至常常有意为难。三个月后，小丽只好辞职。

上面例子中，作为部属的小丽，不仅没能维护好领导的形象和尊严，还有意撞衫，使领导时时处于难堪之中，这是不称职的部属。

#### （一）向上级汇报工作时的礼仪

**1. 守时**

在现代社会，需要我们有极强的恪守时间的观念。向上级汇报工作，务必按约定时间到达。万一因故不能赴约，要尽可能有礼貌地及早告知上级，并以适当的方式表示歉意，以争取领导的谅解。

**2. 做好准备**

请示汇报有临时请示汇报和预约请示汇报两种。无论临时请示汇报还是预约请示汇报，都必须预先做好准备。请示前要想好请示的要点和措辞；汇报前要拟好汇报提纲，选好典型事例。

### 3. 先敲门再进办公室

到领导的办公室去汇报工作,应该先轻轻地敲门,经允许后再进去。汇报时,应该注意自己的仪表、姿态,做到文雅大方,彬彬有礼。

### 4. 语言准确、简练

口头汇报的语言应力求做到言简意赅、自然朴实。切忌不顾实际,信口开河、烦冗啰唆,堆砌辞藻,华而不实。

### 5. 语速与音量适当

汇报工作,说话不能太快,一定要让领导听清楚,还要把握好音量。

### 6. 尽量压缩汇报时间

汇报的时间务必尽力压缩,最好限定在半小时内,若15分钟就更好。

### 7. 向领导汇报工作的注意点

不可趴在桌子上,抱肘会显得傲慢与敌意,不可双手撑在桌面上,跷腿会让人感觉你个人素质不高,站立汇报工作会让人有居高临下的感觉。

### 8. 当有电话打来时

正谈工作中,电话第一次打来时,应按掉手机,不可接听,当电话第二次打来时,接听电话,小声说:"我××分钟后给你打过去"或是"我现在正忙,请××分钟后打过来"。

### 9. 如果领导有重要的电话要接听

如果下级在向领导汇报工作时,领导有重要的一定要接听的电话,下级应用眼神向领导示意一下,随即离开办公室。

## (二)代接电话应注意的问题

假如电话是关于业务的问题,要小心回答,注意语气。替对方留口讯时一定要用纸记下来,不要靠脑袋记。特别是关于时间、地点、人物等事项,一定要记准确。

## (三)当领导遇到尴尬事时

身为领导,事务繁忙,难免会出一些小意外。身为下属,若视而不见,不去提醒,任由领导遭遇尴尬,那是一种失职;而贸然地提醒上司,会不会让他(她)尴尬?要有一个两全其美的办法。

# 二、办公室礼仪

### 1. 办公室环境礼仪

维护工作环境卫生,不污染、不破坏工作环境、办公家具。

不擅自带外来人员进入办公区,会谈和接待安排在洽谈区域。

个人办公区要保持办公桌位清洁,非办公用品不外露,桌面码放整齐。

下班离开办公室前,应该关闭自己使用的所用机器电源,将桌面清理干净,锁好重要物品和文件。

### 2. 办公室仪表礼仪

办公室工作人员必须仪表整洁、端庄。

工作场所的服装应清洁、方便，不追求修饰。

### 3. 办公室举止礼仪

在公司内员工应保持优雅的姿势和动作。

公司内与同事相遇应点头行礼表示致意。

出入房间的礼貌：进入房间，要先轻轻敲门，听到应答再进。进入后，不能大力、粗暴回手关门。进入房间后，如对方正在讲话，要稍等静候，不要中途插话，如有急事要打断说话，也要看住机会。而且要说：对不起，打断您们的谈话。

递交文件、物品，把正面、文件正对方向或者对方方便、安全接拿的方向朝向对方。

### 4. 办公室电话礼仪

听到电话铃响，停下手头的工作来接。如果嘴里有零食，必须在接电话前处理掉。

接到电话时首先要问候，自报家门时，外线报单位名，内线报所在部门。

需要转接电话，应该请客人等待并且尽快转接，如果是代听电话应主动询问客人是否需要留言或转告。留言要准确记录，并重复确认留言。挂电话时要询问客人还有什么吩咐，以表示对客人的尊重，没有事情就与客人道谢，感谢来电，说再见，等客人挂电话后再挂电话。

### 5. 办公室同事相处礼仪

（1）真诚合作。俗话说一个好汉三个帮，同事之间属于互帮互助的关系，只有真诚合作才能共同进步。

（2）同甘共苦。同事的困难，通常首先会选择亲朋的帮助，但作为同事，应主动问讯。

（3）公平竞争。同事之间的竞争是正常的，但是切记不能在背后耍心眼，做损人不利己的事情。

（4）宽以待人。同事之间经常相处，出现失误，应主动向对方道歉，征得对方谅解。

（5）远离办公室政治。现代职场，办公室政治是因各自不同利益的产物，我们要尽可能地不卷入办公室政治。

总结：当然，根据单位的不同、要求的不同，可能办公室礼仪包含的范围会有所差异。而且，根据各个单位的不同规定，可能相关礼节内容会也需要进行相应调整。

### 6. 和同事打成一片

尽可能和绝大多数的同事打成一片，合得来的，多交往；合不来的，适当交往，而不是不交往。交往是为了保持起码的情感沟通。

和同事打成一片，注意避免物质上"不分你我"。借的钱物，不管多少或价值多少，在约定的期限内都应归还。因私消费时，尽可能做到AA制或各付各的。

打成一片，还表现在适度关心同事。同事身体不适时，表达同情和问候；遇到同事生日、结婚、升迁、乔迁等，要表达祝贺；出差归来，表达问候；同事工作没有完成，而你又已经下班时，提供力所能及的帮助，等等。

### 三、同事相处的注意事项

#### 1. 团结合作

共事目的就是为做好工作，应把注意力放在共同目标上，站在同一立场，把差异放在一边，以求融洽彼此关系，达成共识、发挥各自所长。

人多力量大这句话不假，但更重要的是力往一处使，才能使任务完成得更快、更好。工作上没有分内分外，分内的工作是必须完成的，而分外的工作则是在完成本职工作的前提下，尽量配合别人完成，这也是自己的义务和责任。

#### 2. 学会沟通

同事之间经常会有工作上的配合，必须以积极主动的姿态和强烈的自我控制意识，与同事经常进行良好的互动和沟通，使双方相互了解、理解继而信任。

沟通过程必须摒弃不良习惯，如：在其他同事面前对与你合作的同事表达不满，对别人的诉说表现出不耐烦，以指导或者教训的口吻说话，炫耀自己的能力和成果，动不动用领导压人，等等。

有说就有听。注意倾听别人的诉说、了解别人的意愿和想法，即使对同事有一定了解，也必须抱着认真倾听的姿态，耐心了解其真实意图。

#### 3. 尊重体谅

遇到问题，多试着站在对方角度思考、体会。角度一变，世界也随之改变。而自己的个人情绪，同样要避免出现在工作中，不要让别人无辜受连累，发现同事心情不好，应尽可能理解、迁就。大家关系不错的话，可以主动询问原因，分担喜怒哀乐。

即使同事之间也要有时间观念，不浪费别人的宝贵时间。

#### 4. 异性间勿过密

男女关系永远都是敏感的，如果和某位异性同事走得太近，其他的异性同事就会自动疏远你。在办公室里尽可能对所有异性同事公平对待，至少也不要差别太大。而同性同事也有可能因妒忌而对你有意见。甚至领导也会认为你"吃窝边草"而影响工作效率。总而言之，异性同事之间不要太过亲密，以避免不必要的烦恼。

# 任务四　职场礼仪演练

 目标

（1）巩固相关社交礼仪的基本知识和技能。

（2）能熟练运用社交礼仪。

### 1. 分组排练

将全班同学分成若干小组，每组5~7人，分别担任不同情景中的不同角色，进行礼仪排练。

（1）求职应聘。

（2）客户洽谈。

（3）办公室礼仪。

### 2. 情景剧表演与点评

各小组在全班展示排练的情景剧。每组派出评论员，结合社交礼仪规范和要求进行评议。

# 附录一　我国部分少数民族礼仪

中国自古以来就是一个统一的多民族国家。除了汉族以外还有55个少数民族。在俗称礼仪之邦的中国，各少数民族的礼节也多姿多彩，但是它们有相通之处，也有不同之处。各少数民族的礼仪千秋百态，是文化积淀下来的宝贵财富。钟敬文说过："风俗本身是一种生活方式，又是一种文化样式。"我们应该予以尊重并区别对待。

在此，我们就简谈一下部分少数民族的礼节。

## 1. 蒙古族

蒙古族主要居住在内蒙古自治区，信仰喇嘛教。蒙古族牧民爱穿滚边长袍，头上戴帽或缠布，腰带上挂着鼻烟壶，脚穿皮靴，多住在蒙古包。

蒙古族的传统礼节主要有递鼻烟壶、献哈达、装烟和请安等，当然现在还有鞠躬礼和握手礼。献哈达的礼节和藏族一样。蒙古族牧民十分热情好客、讲究礼仪。请客人进入蒙古包时，总是立在门外西侧，右手放在胸部微微躬身，左手指门，请客人先走。客人跪坐后，主人按浅茶满酒的礼俗热情敬献上奶茶和美酒，并把哈达托着献给客人。

招待来客的佳宴有手抓羊肉和全羊席。如果是贵客，主人会设全羊席来款待，表示对客人的尊敬。蒙古族同胞忌讳吃狗肉，不吃鱼虾等海味以及鸡鸭的内脏和肥肉。送客的时候，主人送客人到蒙包外面或本地边界。当接过主人的奶酒，最得体的是按照蒙古人敬酒的方式，左手捧杯，用右手的无名指蘸一滴酒弹向头上方，表示先祭天，第二滴弹向地，表示祭地，第三滴酒弹向前方，表示祭祖先，随后把酒一饮而尽。如果客人不会喝酒，只要把酒杯恭敬地放在桌上就可以了。

路过蒙古包的时候，要轻骑慢行，以免惊动畜群。进入蒙古包前，要把马鞭子放在门外，否则，会被视为对主人的不敬。进门要从左边进，入包后在主人陪同下坐在右边；离包的时候要走原来的路线。

出蒙古包后，不要立即上马上车，要走一段路，等主人回去后，再上马上车。

如果蒙古包前左侧缚着一条绳子，绳子的一头埋在地下，说明蒙古包里有病人，主人不能待客。

那达慕大会是蒙古族的传统节目，一般在农历七八月份举办，是蒙古族人民一年一度群众性的盛大集会。大年和小年是蒙古族比较重要的节日（大年就是春节，小年在腊月二十三）。

## 2. 回族

回族约有1/3的人口聚居在宁夏回族自治区，其余散居在全国各地，他们信奉伊斯兰教。

回族同胞尊敬长者，禁止居室里面放猪皮、猪鬃等制品。茶叶和红糖是回族人的节日佳品。回族非常注意并尊重别人的自尊感，顾全别人的面子，不喊外号。

"阿訇"是波斯语，意为老师或学者，是回族穆斯林人对主持清真寺教务人员的称呼，在接待工作中，如果他们在祈祷，就不能被打扰。忌用左手递送物品。

回族的日常饮食很注意卫生，凡有条件的地方，饭前、饭后都要用流动的水洗手。凡供人饮用的水井、泉眼，一律不许牲畜饮水，也不许任何人在附近洗脸或洗衣服。取水前一定要洗手，盛水容器中的剩水不能倒回井里。

在饮食方面，禁食猪、狗、驴、骡、马、猫及一切凶猛禽兽，自死的牲畜、动物以及非伊斯兰教徒宰的牲畜。禁止抽烟、喝酒，禁止用食物开玩笑，不能用禁忌的东西作比喻（如不能说某某东西像血一样红）等，甚至在谈话中也忌带"猪"字或同音字。在社会行为等方面，禁止在背后诽谤别人和议论他人短处，禁止放高利贷，玩赌等。在信仰方面，禁止崇拜偶像等。

### 3. 藏族

藏族主要分布在西藏，其余分布在青海、甘肃、四川、云南等地。藏族人多信喇嘛教。

敬献"哈达"是藏族对客人最普遍、最隆重的礼节，献的哈达越长越宽，表示的礼节也越隆重。对尊者、长辈，献哈达的时候要双手举过头，身体略向前倾，把哈达捧到座前。对平辈，只要把哈达送到对方手里或手腕上就行。如果不鞠躬或用单手送，都是不礼貌的。接受哈达的人最好做和献哈达的人一样的姿势，并表示谢意。

有客人来拜访，藏民们等候在帐外目迎贵客光临。藏族同胞见到长者或尊敬的客人，要脱帽躬身45°，帽子拿在手上接近地面；见到平辈，头稍低就行，帽子拿在胸前，以示礼貌。男女分坐，并习惯男坐左女坐右。

藏族同胞对客人有敬献奶茶、酥油茶和青稞酒的礼俗。

敬酥油茶的礼仪：客人坐在藏式方桌边，女主人拿一只镶着银边的小木碗放在客人面前，接着提壶或热水瓶给客人倒上满碗酥油茶，主客开始聊天；等女主人再提壶，客人就可以端起碗来，轻轻地往碗里吹一圈，然后呷上一口，并说些称赞茶打得好的话；等女主人第三次提壶时，客人呷上第二口酒；客人准备告辞，可以多喝几口，但不能喝干，碗底一定要留点漂着油酥花的茶底。

客人到藏族家里作客，主人要敬三杯青稞酒，不管客人会不会喝酒，都要用无名指蘸酒弹一下。如果客人不喝、不弹，主人会立即端起酒边唱边跳，前来劝酒。如果客人酒量小，可以喝一口，就让添酒。连喝两口酒后，由主人添满杯，客人一饮而尽。这样，客人喝得不多，主人也很满意。按照藏族习俗，主人敬献酥油茶，客人不能拒绝，至少要喝3碗，喝得越多越受欢迎。

藏族同胞最忌讳别人用手抚摸佛像、经书、佛珠和护身符等圣物，认为是触犯禁规，对人畜不利。

### 4. 维吾尔族

维吾尔族人主要居住在新疆维吾尔自治区，信奉伊斯兰教。

维吾尔族人接待见面，习惯把手按在胸部中央，把身体前倾30°或握手，并连声说："您好！"客人席地而坐，不要双腿直伸，脚底朝人；在屋里就坐的时候，要跪坐，忌双腿直伸、脚朝人。吃完饭有长者领着做"都瓦"的时候，忌东张西望或站起。

院落的大门禁忌朝西开，忌讳睡觉时头朝东脚朝西，所以在给他们分配房间、安放卧具和枕头时，特别要注意。忌随便走近灶台、水缸等。

讲究卫生，经常在自来水龙头下直接冲洗手、脸。到维尔吾族家里作客，进门前和用餐前女主人要用水壶给客人冲洗双手，一般洗3次。习惯一人专用茶杯，住宿期间也不换。当第一次给茶杯的时候，要当着本人的面，把茶杯消毒后再用。

在饮食方面，喜欢喝奶茶、吃馕，喜欢吃拉面和包子以及"炖整羊""涮羊肉""烤羊肉串""羊、牛肉的锅贴"。烤羊肉串是这个民族最出名的风味小吃。每餐必喝葡萄酒，酒量大，忌讳吃猪肉、狗肉、骡肉、鸽子。

衣忌短小，上衣一般过膝，裤脚到脚面，最忌户外穿着短裤。

肉孜节、古尔邦节是传统的盛大节日，不管男女老幼都喜欢戴着四楞小花帽。他们最喜欢的体育技艺是高空走大绳。

### 5. 苗族

在苗族做客的时候不能去夹鸡头吃。客人一般也不能夹鸡肝、鸡杂和鸡腿，鸡肝、鸡杂要敬老年妇女，鸡腿则留给小孩。禁忌妇女与长辈同坐一条长凳；忌杀狗、打狗，不吃狗肉；忌跨小孩头顶，否则孩子长不高；不能坐苗家祖先神位的地方，火炕上三脚架不能用脚踩；不许在家或夜间吹口哨；嬉闹时不许用带捆苗家人；不能拍了灰吃火烤的糍粑；遇门上悬挂草帽、树枝或婚丧祭日，不要进屋；路遇新婚夫妇，不要从中间穿过等。

### 6. 彝族

彝族禁食狗、马、熊等动物的肉；妇女忌食难产而死的家畜之肉；过年三天内禁忌新鲜蔬菜进屋，否则对祖先是最大的不敬；禁过年七天内推磨，不然会使家境贫困；忌用餐后把汤匙扣于碗盆的边沿上，因这是给死人敬食的方式。忌讳妇女送自己的首饰、衣物给别人，否则会影响生育和孩子的顺利成长。忌讳女人跨过男人的衣物，更不能从男子身上、头上跨过。忌讳女客上楼。

### 7. 壮族

壮族是我国少数民族人口最多的一个民族，主要分布在广西壮族自治区以及云南、广东、贵州三省。壮族信仰多神教，崇拜巨石、老树、高山、土地。每家正屋都供奉着"天地亲师"的神位。祖先崇拜占有主要地位。

壮歌久负盛名，定期举办对歌赛歌的"歌圩"盛会；壮族的刺绣、竹芒编以及"干栏"建筑艺术等名扬远近。

登上壮族人家的竹楼，一般都要脱鞋。如果有客人来访，他们都会热情招待。由主人出面让座递烟，双手奉上茶。有客人在家，不可以大声讲话，进出要从客人身后绕行。和客人共餐，要两腿落地，与肩同宽，不能跷二郎腿。

壮族同胞普遍喜欢喝酒。招待客人的餐桌上有酒才显得隆重。敬酒的习俗为"喝交杯"，其实并不用杯，而是用白瓷汤匙。

饮食以大米、玉米、薯类等为主食，认为狗肉、野味是美味佳肴、珍品。用餐时须等最年长的老人入席后才能开饭；长辈未动的菜，晚辈不得先吃；给长辈和客人端茶、盛饭，必须双手捧给，而且不能从客人面前递，也不能从背后递给长辈；先吃完的要逐个对长辈、客人说"慢吃"再离席；晚辈不能落在全桌人之后吃饭。

尊老爱幼是壮族的传统美德。路遇老人要主动打招呼、让路，在老人面前不跷二郎腿，不说污言秽语，不从老人面前跨来跨去。杀鸡时，鸡头、鸡翘必须敬给老人。

壮族人忌讳农历正月初一这天杀牲；有的地区的青年妇女忌食牛肉和狗肉；妇女生孩子

的头三天（有的是头七天）忌讳外人入内；忌讳生孩子尚未满月的妇女到家里串门。壮族忌讳戴着斗笠和扛着锄头或其他农具的人进入自己家。火塘、灶塘是壮族家庭最神圣的地方，禁止用脚踩踏火塘上的三脚架以及灶台。壮族青年结婚，忌讳怀孕妇女参加。怀孕妇女不能看新娘。不能进入产妇家。家有产妇，要在门上悬挂袖子枝条或插一把刀，以示禁忌。不慎闯入产妇家者，必须给婴儿取一个名字，送婴儿一套衣服，一只鸡或相应的礼物，做孩子的干爹、干妈。

壮族是稻作民族，十分爱护青蛙，有些地方的壮族还有专门的"敬蛙仪"，所以到壮族地区，严禁捕杀青蛙，也不能吃蛙肉。

### 8. 布依族

布依族习惯以酒敬客，客人或多或少都应喝一点；到布依族人家做客，不得触动神龛和供桌，火塘边的三脚架忌讳踩踏；布依族村寨的山神树和大罗汉树，禁止任何人触摸和砍伐；布依族送礼必须送双数。

### 9. 朝鲜族

朝鲜族主要分布在东北三省，多聚居于吉林延边朝鲜族自治州。

朝鲜族是一个能歌善舞的民族。不论男女老少，都能唱会跳，而且还十分酷爱传统体育运动。每逢节假日和喜庆日，朝鲜族同胞就会载歌载舞，欢腾雀跃。

老人在家庭和社会上处处受到尊敬，儿孙晚辈都以照顾体贴祖辈为荣。晚辈不能在长辈面前喝酒、吸烟；吸烟时，年轻人不得向老人借火，更不能接火，否则便被认为是一种不敬的行为；与长者同路时，年轻者必须走在长者后面，若有急事非超前不可，须向长者恭敬地说明理由；途中遇有长者迎面走来，年轻人应恭敬地站立路旁问安并让路；晚辈对长辈说话必须用敬语，平辈之间初次相见也应用敬语。

朝鲜族喜欢食米饭，擅长做米饭，用水、用火都十分讲究。各种用大米面做成的片糕、散状糕、发糕、打糕、冷面等也是朝鲜族的日常主食。咸菜是他们日常不可缺少的菜肴。朝鲜族的泡菜做工精细，享有盛誉。

他们有吃狗肉的习俗。常用一种叫"麻格里"的家酿米酒来招待客人。餐桌上，匙箸、饭汤的摆法都有固定的位置。如匙箸应摆在用餐者的右侧，饭摆在桌面的左侧，汤碗摆在右侧，带汤的菜肴摆在近处，不带汤的菜肴摆在其次的位置上，调味品摆在中心等。婚丧、佳节期间不杀狗、不食狗肉。

### 10. 满族

满族人大部分聚居在东北三省，以辽宁省最多。

满族以稻米面粉为主食，肉食以猪肉为主，常用白煮的方法烹制，如满族名菜"白肉血肠"。冬季寒冷，没有新鲜蔬菜，他们常以腌渍的大白菜（即酸菜）为主要蔬菜。用酸菜熬白肉、粉条是满族入冬以后常吃的菜。

满族非常重礼节。平时见面都要行请安礼；如果遇到长辈，要请安后才能说话，以示尊敬。最隆重的礼节是抱见礼，也就是抱腰见面礼。一般亲友相见，不分男女都行这个礼，表示亲昵。家里一般都有"万字炕"（即一房西、南、北三面都是土炕），西炕最尊贵，用来供奉祖宗，不能随意去坐。挂旗也是满族盛行的一种风俗。旗也叫门笺、窗笺。春节时，每家都要在门楣上、窗户上贴上挂旗，有的还贴上对联，以增加节日气氛。

满族接待客人，不避内眷，家庭女性成员都可参加对客人的敬酒等活动。给客人上菜必须成双成对，客人一旦接受妇女的敬酒，就必须喝干；否则会被认为是不礼貌的。

过节的时候吃"艾吉格饽"（饺子），农历除夕时，要吃手扒肉等。他们还保留了饽饽、汤子、萨其玛等有民族特殊风味的食品。

满族最突出的禁忌是不准杀狗，禁吃狗肉，禁穿戴带有狗皮的衣帽。满族信仰萨满教。祭天，祭神，祭祖先时，以猪和猪头为祭品。宰杀前要往猪耳朵内注酒，如猪的耳朵抖动，则认为神已接受，就可以宰杀了，俗称"领牲"。

### 11．瑶族

瑶族忌在火炉里烧有字的纸张；忌用脚踏火炉撑架；忌坐门槛；穿草鞋不能上楼；不能坐主妇烧火的凳子；进入瑶族人家忌穿白鞋和戴白帽，因为象征丧事；到木排上，忌"伞"，言及"雨伞"时，要说"雨遮"，因"伞"与"散"谐音；遇人伐木时，忌说"吃肉""死"之类不祥之语等。绝大部分瑶族禁食猫肉和蛇肉；瑶族祭神，忌用狗、蛇、猫、蛙肉。

### 12．哈萨克族

在哈萨克族，年轻人不准当着老人的面喝酒，不准用手乱摸食物；绝对不准跨越或踏过餐布，不准坐在装有食物的箱子或其他用具上；不能跨过拴牲畜的绳子，也不能骑马进入羊群；忌讳当面数主人家的牲畜；忌客人在家门口下马和骑快马到家门口下马；忌讳别人当面赞美自己的孩子，尤其不能说"胖"，认为这样会给孩子带来不幸；忌食猪肉、狗肉、驴肉、骡肉和自死的畜禽肉及动物的血。

### 13．傣族

傣族忌讳外人骑马、赶牛、挑担和蓬乱着头发进寨子；进入傣家竹楼，要把鞋脱在门外，而且在屋内走路要轻；不能坐在火塘上方或跨过火塘，不能进入主人内室，不能坐门槛；不能移动火塘上的三脚架，也不能用脚踏火；不准用衣服当枕头或坐枕头；进佛寺要脱鞋，忌讳摸小和尚的头、佛像、戈矛、旗幡等一系列佛家圣物；忌讳在家里吹口哨、剪指甲；晒衣服时，上衣要晒在高处，裤子和裙子要晒在低处。

### 14．佤族

在佤族，不能骑马进寨，须在寨门口下马；忌别人摸头和耳朵；忌任意进入木鼓房；忌送人辣椒和鸡蛋；忌讳送给少女装饰品；若门前放一木杆，说明家里有病人，忌外人进入；忌讳客人在家里坐妇女坐的鼓墩或数钞票；女性不准随便乱抓男性的头发，男性不能触女性的脚；忌讳别人摸自己的头和耳朵。

### 15．高山族

高山族的妇女怀孕后忌用刀斧，忌食猿肉、山猫肉、穿山甲肉和并蒂果实等；妇女用的织布机男人不能随便摸弄。

### 16．羌族

羌族的妇女分娩时在门外挂枷单或背篼，忌外人入内；家有病人时在门上挂红纸条，忌外人来访；不能跨火塘或用脚踩三脚架，也不能在三脚架上烘烤鞋袜衣物；忌坐门槛和楼梯；饭后不能把筷子横在碗上，也不能倒扣酒杯。

# 附录二  我国主要旅游客源国礼仪

我国主要的客源国有：日本、韩国和朝鲜、俄罗斯、美国、马来西亚、新加坡、菲律宾、蒙古、泰国、英国、加拿大等。

由于国家种族的不同，每个国家都有不同的风俗禁忌，无论是作为旅游接待方接待外国游客还是作为旅游者到国外旅游，我们都有必要事先了解各民族的风俗禁忌。只有彼此之间相互尊重才会有愉快的旅程。

## 一、日本

日本一直是我国主要的客源国，到目前为止可以说是我国最大的客源国，所以在接待日本游客方面，我们应该尊重其民族风俗习惯。

（1）饮食禁忌。

日本游客不吃动物内脏和动物蹄子。在日本游客家拜访时，吃饭不能只吃一碗就够，这样的话，主人会觉得与你无缘。在帮日本游客盛饭时，我们不应该将米饭盛得过满、过多。

（2）色彩禁忌。

日本游客喜欢白色、红色、黄色、黑色、青色。最讨厌绿色，紫色，在日本人看来，绿色是办丧事用的颜色，紫色是悲伤的意思。

（3）数字禁忌。

日本人禁忌4、6、9的数字，4的发音与死相同、6是强盗的标记、9在日语中是苦的发音

（4）送礼禁忌。

日本游客喜欢中国的书画作品，但是不要送有夕阳、日落的书画。包装礼物也不要用黑白两色

（5）花的禁忌。

不要送菊花（日本皇室象征）、荷花（葬礼）。

（6）拍照禁忌。

禁止给任何人拍三人照。

## 二、韩国和朝鲜

（1）言论禁忌。

禁止谈论国内外政治和各自妻子的话题，避免喜欢询问彼此的个人情况。

（2）送礼禁忌。

忌讳单手接过礼物，更忌讳当面打开礼物。

（3）接待禁忌。

在接待朝鲜和韩国游客时，应该一视同仁。在安排客房时，不应该将韩国游客和朝鲜游客安排在同一楼层。

### 三、俄罗斯

（1）送礼禁忌。

不能送有兔子和猫形象或意味的礼物，他们喜欢马的图案。在送礼物的时候不能用左手，应该说在任何场合都避免用左手与俄罗斯客人接触。

（2）宴请禁忌。

在准备俄罗斯客人食物的时候不能有鸡蛋、乌贼、木耳、虾、猪肉制品。

（3）包装禁忌。

邮往俄罗斯的包裹都必须写上俄罗斯联邦，任何邮件都不能超过十公斤。

（4）言论禁忌。

交谈时不打听个人私事，回避国内经济、政治、民族、宗教、国家关系等话题。

### 四、美国

（1）饮食禁忌。

美国人的口味喜欢清淡，不爱吃蒜和过辣食品，不爱吃肥肉和红烧菜肴。不吃动物内脏。

（2）颜色禁忌。

喜欢白色、黄色、蓝色，忌讳黑色。

（3）言论禁忌。

忌讳过分谦虚和客套，距离太近和打听个人私事。

### 五、马来西亚

（1）数字禁忌。

马来西亚人忌讳的数字是"0""4""13"。

（2）颜色禁忌。

马来西亚人一般不单独使用黑色，忌用黄色，不穿黄色衣服。

（3）动物禁忌。

马来西亚人忌讳使用猪皮革制品，忌用漆筷（因漆筷制作过程中用了猪血）忌谈猪、狗的话题。

（4）饮食禁忌。

马来西亚人忌食狗肉、猪肉，在马来西亚是禁酒的，因此在用餐时，不用酒来招待客人。

（5）服装禁忌。

马来西亚人认为左手是不干净的，不能用左手为别人传递东西。

在公共场合，马来西亚人的衣着不得露出胳膊和腿部。

## 六、新加坡

（1）交谈忌讳。

切忌议论种族摩擦、宗教是非和配偶情况等。切忌在新加坡客人面前说"恭喜发财"，他们将"财"理解为"不义之财"或"为富不仁"，说"恭喜发财"被认为是对别人的侮辱和嘲骂。不要轻易拿新加坡游客开玩笑。

（2）举止禁忌。

双手不要随便叉腰，因为那是生气的表示。

用食指指人，用紧握的拳头打在另一只张开的掌心上，或紧握拳头，把拇指插入食指和中指之间，均被认为是极端无礼的动作。

（3）数字禁忌。

新加坡人认为4、6、7、13、37和69是消极的数字，他们最讨厌7。

（4）色彩禁忌。

新加坡游客偏爱红色，视红色为庄严、热烈、刺激、兴奋、勇敢和宽宏之象征。他们也欢迎蓝色和绿色。

视黑色为倒霉、厄运之色，紫色也不受欢迎。

（5）图案禁忌。

忌讳猪、乌龟的图案。不喜欢在商品包装上使用如来佛的图像，也不准使用宗教用语。

## 七、菲律宾

（1）言论禁忌。

交谈时要避免宗教、菲律宾近代史等话题。菲律宾人喜爱打听私人情况，因此，与人谈话时要小声。交谈时不能"面无表情"，或是"三缄其口"。若是面无表情或一声不发，他们会认为你不怀好意，或是不愿意跟他们打交道。

（2）送礼禁忌。

在菲律宾游客收受或者赠送礼物不要当众打开，否则客人会有被当众羞辱的感觉。

（3）数字禁忌。

菲律宾游客人忌讳13这个数字和星期五。

（4）饮食禁忌。

菲律宾游客不爱吃生姜，兽类内脏和腥味大的东西，不喝牛奶和烈性酒。

（5）颜色及图案禁忌。

忌红色，认为红色是不祥之色；忌鹤和龟以及印有这两种动物形状的东西。

## 八、蒙古

（1）颜色禁忌。

喜欢红色，讨厌黑色。

（2）送礼禁忌。

送礼物时忌送帽子，因为帽子的口朝下，送人会损坏别人的运势。在接递物品时，以双手接递为敬，也可用右手，但不能只用左手接递。

（3）饮食禁忌。

不吃马肉。

## 九、泰国

（1）送礼禁忌。

如果泰国游客送你礼品，在接受礼品前，你应先双手合十表示感谢。给泰国游客送礼，最好选用有包装的食物、糖果等，并以右手递给受礼者。除非对方要你打开礼品包装，否则不要当着送礼人的面打开。不要送印有狗的图案。

（2）颜色禁忌。

泰国游客喜爱黄色、红，禁忌褐色。

（3）言论禁忌。

避免谈论的问题：王室成员、个人问题。

## 十、英国

（1）言论禁忌。

英国游客很忌讳谈论男人的工资和女人的年龄，甚至连家里的家具价格也不能问，这是很私人的问题。

（2）颜色禁忌。

忌讳墨绿色、红色、黑色。

（3）动物禁忌。

讨厌山羊、黑猫、孔雀、大象、蝙蝠。

（4）花的禁忌。

讨厌菊花和百合花。

（5）数字禁忌。

英国人禁忌"13""星期五"。

## 十一、加拿大

（1）数字禁忌。

加拿大人忌讳"13""星期五"，认为"13"是厄运的数字，"星期五"是灾难的象征。

（2）花的禁忌。

忌讳白色的百合花，因为它会给人带来死亡的气氛，人们习惯用它来悼念死人。

（3）言论禁忌。

不喜欢外来人把他们的国家与美国进行比较，尤其是拿美国的优越方面与他们相比，更是令人不能接受的。

在谈话中不要偏袒分裂主义——把加拿大分成讲法语和讲英语的两个国家。

（4）饮食禁忌。

忌食动物内脏和脚爪；忌吃虾酱、鱼露、腐乳和臭豆腐等有怪味、腥味的食物；也不爱吃辣味菜肴。

(5) 其他禁忌。

加拿大妇女有美容化妆的习惯，因此他们不欢迎服务员送擦脸香巾。

# 附录三　涉外礼仪

## 一、迎送

各国对外国国家元首、政府首脑的正式访问，往往都要举行隆重的迎送仪式。对军方领导人的访问，也要举行一定的欢迎仪式，如安排检阅仪仗队等。对其他人员的访问，一般不举行欢迎仪式。然而，对应邀前来的访问者，无论是官方人士、专业代表团还是民间团体、知名人士，在他们抵离时，均应安排相应身份人员前往机场（车站、码头）迎送。对长期在本国工作的外国人士和外交使节、专家等，在他们到离任时，各国有关方面亦安排相应人员迎送。

（1）迎送身份高的客人，事先在机场（车站、码头）安排贵宾休息室，准备饮料。

（2）安排汽车，预定住房。如有条件，在客人到达之前将住房和乘车号码通知客人。如果做不到，可印好住房、乘车表，或打好卡片，在客人刚到达时，及时发到每个人手中，或通过对方的联络秘书转达。这既可避免混乱，又可以使客人心中有数，主动配合。

（3）指派专人协助办理入出境手续及机票（车、船票）和行李提取或托运手续等事宜。重要代表团，人数众多，行李也多，应将主要客人的行李先取出（最好请对方派人配合，及时送往住地，以便更衣）。

（4）客人抵达住处后，一般不要马上安排活动，应稍作休息，起码给对方留下更衣时间。

## 二、会见

会见通常安排在会客室或办公室，宾主各坐一边。某些国家元首会见还有其独特礼仪程序，如双方简短致辞、赠礼、合影等。我国习惯在会客室会见，客人坐在主人的右边，译员、记录员安排坐在主人和主宾的后面。其他客人按礼宾顺序在主宾一侧就座，主方陪见人在主人一侧就座，座位不够可在后排加座。

## 三、礼宾次序

所谓礼宾次序，是指国际交往中对出席活动的国家、团体、各国人士的位次按某些规则和惯例进行排列的先后次序（在某些出版物中也有排列次序的问题）。一般说，礼宾次序体现东道主对各国宾客所给予的礼遇。在一些国际性的集会上则表示各国主权平等的地位。礼宾次序安排不当或不符合国际惯例，则会引起不必要的争执与交涉，甚至影响国家关系。因此，在组织涉外活动时，对礼宾次序应给予一定的重视。

礼宾次序的排列，尽管国际上已有一些惯例，但各国有具体的做法。有些排列顺序和做法已由国际法或国内法所肯定，如外交代表位次的排列，在《维也纳外交关系公约》中就有专门的规定。很多国家对本国各级官员的排列常用法律形式固定下来，如法国1907年7月16日公布的《关于位次排列的命令》明确规定，中央与地方的官方机构、团体和个人参加公共活动的排列顺序。

## 四、国旗的悬挂

国旗是国家的标志，国家的象征。人们往往通过悬挂国旗，表示对本国的热爱或对他国的尊重。但是，在一个主权国家领土上，一般不得随意悬挂他国国旗。不少国家对悬挂外国国旗都有专门的规定。在国际交往中，还形成了悬挂国旗的一些惯例，为各国所公认。

在国际会议上，除会场悬挂与会国国旗外，各国政府代表团团长亦按会议组织者有关规定在一些场所或车辆上悬挂本国国旗（也有不挂国旗的）。有些展览会、体育比赛等国际性活动，也往往悬挂相关国家的国旗。

在建筑物上，或在室外悬挂国旗，一般应日出升旗，日落降旗。遇需悬旗志哀，通常的做法是降半旗，即先将旗升至杆顶，再下降至离杆顶相当于杆长1/3的地方。降旗时，先将旗升至杆顶，然后再下降。也有的国家不降半旗，而是在国旗上方挂黑纱志哀。升降国旗时，服装要整齐，要立正脱帽行注目礼，不能使用破损和污损的国旗。国旗一定要升至杆顶。

几种典型的挂旗法：

（1）两面国旗并挂。

（2）三面以上国旗并挂。

注：多面并列，主方在最后。如是国际会议，无主客之分，则按会议规定之礼宾顺序排列。

（3）并列悬挂。

（4）交叉悬挂。

（5）交叉挂。

（6）竖挂（客方为反面，主方为正面）。

（7）竖挂（双方均为正面）。

国旗不能倒挂，一些国家的国旗由于文字和图案的原因，也不能竖挂或反挂。有的国家明确规定，竖挂需另制旗，将图案转正。例如，朝鲜民主主义人民共和国国旗竖挂时，五角星的星尖依然朝上。有的国家则无明确规定。因此，正式场合悬挂国旗宜以正面（即旗套在旗的右方）面向观众，不用反面。如果旗是挂在墙壁上，要避免交叉挂法和竖挂。如果悬空挂旗，则不成问题。

各国国旗图案、式样、颜色、比例均由本国宪法规定。不同国家的国旗，如果比例不同，用同样尺寸制作，两面旗帜放在一起，就会显得大小不一。例如，同样六尺宽的旗，三比二的就显得较二比一的大。因此，并排悬挂不同比例的国旗，应将其中一面略放大或缩小，以使旗的面积大致相同。

## 五、世界各国禁忌

### 1. 涉外活动言行忌

举止忌：严忌姿势歪斜，手舞足蹈，以手指人，拉拉扯扯，相距过近，左顾右盼，目视远处，频频看表，舒伸懒腰，玩弄东西，抓耳挠腮。

说话忌：严忌荒唐淫秽，他人履历，女子私事，工资收入，私人财产，衣饰价值，批评尊长，非议宗教，嘲弄异俗。

语气忌：严忌大声辩论，高谈阔论，恶言恶语，寻根问底，争吵辱骂，出言不逊。

礼遇忌：严忌冷落他人，独谈到底，轻易表态，打断异议，纠缠不止，随意插话，随意辞别。

2．涉外活动拍照忌

在涉外活动中，人们在拍照时，不能犯特定国家、地区、民族的禁忌。凡在边境口岸、机场、博物馆、住宅私室、新

科技展览会、珍贵文物展览馆等处，严忌随意拍照。在被允许的情况下，对古画及其他古文物进行拍照时，严忌使用闪光灯。凡在"禁止拍照"标志的地方或地区，人们应自觉忌讳拍照。通常情况下，应忌讳给不相识的人（特别是女子）拍照。

3．涉外活动卫生忌

个人卫生：忌蓬头垢面，忌衣装鞋帽或领口袖口不洁。在正式场合，忌讳挖眼屎、擤鼻涕、抠鼻孔、挖耳秽、剔牙齿、剪指甲等不卫生的动作。患有传染病的人严忌参加外事活动。

环境卫生：切忌随地吐痰、乱弹烟灰、乱丢果皮纸屑或其他不洁之物，忌讳把雨具及鞋下的泥水、泥巴等带入室内，忌讳把痰盂等不洁器具放在室内醒目的地方。

4．商界礼忌

（1）东南亚礼忌：

与东南亚商人洽谈商务时，严忌跷起二郎腿，乃至鞋底悬着颠来颠去。否则，必引起对方反感，甚至交易导致告吹。

（2）中东礼忌：

中东阿拉伯国家的商人，往往在咖啡馆里洽谈贸易。与他们会面时，宜喝咖啡、茶或清凉饮料，严忌饮酒、吸烟、谈女人、拍照，也不要谈论中东政局和国际石油政策。

（3）俄罗斯礼忌：

俄罗斯及东欧诸国，对西方商人的礼待是极其热情的。在同俄罗斯人洽谈贸易时，切忌称呼"俄国人"。

（4）英国礼忌：

到英国洽谈贸易时，要有三条忌讳：

① 忌系有纹的领带。

因为带纹的领带可能被认为是军队或学生校服领带的仿制品。

② 忌以皇室的家事为谈话的笑料。

③ 不要把英国人称呼为"英国人"。

（5）法国礼忌：

到法国洽谈贸易时，严忌过多地谈论个人私事。因为法国人不喜欢大谈家庭及个人生活的隐私。

（6）南美礼忌：

赴南美洲做生意的人，为了入境随俗，在洽谈交易的过程中，宜穿深色服装，谈话宜亲

热并且距离靠近一些,忌穿浅色服装,忌谈当地政治问题。

(7) 德国礼忌:

德国商人很注重工作效率。因此,同他们洽谈贸易时,严忌神聊或节外生枝地闲谈。

德国北部地区的商人,均重视自己的头衔,当同他们一次次热情握手,一次次称呼其头衔时,他们必然格外高兴。

# 参考文献

[1] 张显宝. 礼仪规范 [M].成都：西南交通大学出版社，2011.
[2] 魏全斌. 商务礼仪 [M].北京：北京师范大学出版社，2010.
[3] 苏然. 现代实用礼仪 [M].北京：外文出版社，2011.
[4] 金正昆，唐开平. 现代礼仪 [M].北京：北京师范大学出版社，2010.
[5] 丁建庆. 中职生礼仪实用教程 [M].北京：科学教育出版社，2013.
[6] 王景华，邹本杰. 礼仪修养 [M].北京：北京师范大学出版社，2011.
[7] 张朝辉，礼仪规范教程 [M].北京：高等教育出版社，2011.
[8] 吴宝华. 礼貌礼节 [M].北京：高等教育出版社，2003.
[9] 邓丽萍. 礼仪与生活 [M].上海：华东师范大学出版社，2011.